경부선

국립중앙도서관 출판시도서목록(CIP)

경부선 : 눈물과 한의 철도 이야기 / 이수광 지음.
— 파주 : 효형출판, 2010
  p. ;   cm

한자표제: 京釜線
ISBN 978-89-5872-094-2 03910 : ₩12,000

한국 철도[韓國鐵道]

326.340911-KDC5
385.09519-DDC21   CIP2010003349

경부선

눈물과 한의 철도 이야기

이수광 지음

효형출판

프롤로그

떠난 열차는 아름답다

태어나서 열차 한번 타보지 않은 사람이 있을까. 오늘도 우리는 무심히 열차를 탄다. 차창 밖 풍경을 감상하거나 책을 읽고, 혹은 음악을 듣거나 잠을 자기도 한다. 고속철도, 케이티엑스KTX라면 영화까지 보면서 편안하게 여행을 즐길 수 있다. 그러나 이런 열차는 너무나 빠르고 쾌적하여 열차 여행의 낭만에 온전히 젖어들 수 없다.

때때로 열차를 타고 어디론가 훌쩍 떠나고 싶은 충동에 시달리기도 한다. 젊었을 적 그리도 많이 탔건만, 이제는 특별한 경우가 아니면 좀처럼 열차를 타지 않게 되었다. 그러나 여전히 느릿느릿 달리는 열차를 타고 눈물겹도록 아름다운 창밖 풍경을 내다보는 여행을 하고 싶다. 사랑하는 사람과 함께라면 더욱 좋으리라. 물론 조금은 고독하겠지만 혼자여도 상관없다. 비가 오거나 눈이 와도 괜찮다. 여행은 고독해서 더욱 낭만적이니까. 비가 들이치는 깎아지른 듯한 협곡을 기차가 달리고 눈발이 펑펑 날리는 들판에 긴 기적 소리를 남기고 달리는 기차, 그 아스라한 풍경은 수채화처럼 우리를 감동에 젖게 한다.

언젠가 역사소설을 쓰기 위해 자료를 뒤적이다가 우리나라에 철도를 처음 건설하던 시절의 자료를 접하고 큰 충격을 받았다. 오늘도 우리가 심상히 오가는 경부선 철도의 침목 하나하나에 진한 조선인의 피와 땀이 어려있다는 사실을 알고 반드시 책으로 써야겠다고 생각했다. 그리고 이제야 독자들에게 이야기할 수 있게 되었다.

경부선은 1905년 개통되어 100년 넘는 세월 동안 한국의 동맥 역할을 해왔다. 조선 말에서 대한제국에 이르기까지 국권이 침탈당하던 시기, 일본이 건설하기 시작한 경부선은 당시 '힘깨나 쓰는 장정 철도 역부로 끌려가고, 얼굴 반반한 계집 갈보로 끌려간다'는 노래가 불릴 정도로 이때 동원된 수많은 조선인의 피와 눈물로 건설되었다.

우리네 애환이 서려있는 경부선. 1905년에는 러일전쟁에 나서는 일본군을 실어날랐고, 나라를 빼앗긴 1910년에는 이미 철도가 개화의 물결 한가운데 있었다. 일확천금을 꿈꾸며 조선으로 몰려든 일본인은 부산에서 경부선을 타고 경성으로 들어왔고, 반대로 신학문을 배우려는 조선인은 경성에서 경부선을 타고 남으로 남으로 달려 부산을 거쳐 일본으로 건너갔다. 또한 징용 간 사람, 위안부로 끌려간 사람도 경부선에 몸을 실었다. 민족의 격동기에도 많은 사람이 열차를 이용했다. 한국전쟁 때는 수없는 사람이 열차를 타고 피난을 떠났다.

> 부산진釜山鎭에 들어서면서부터 기차는 바다에 빠지지 않으려고 몸을 뒤로 뻗대었다. 초량역草梁驛에서 본역本驛까지는 거의 한 걸음 한 걸음을 재듯 늑장을 부렸다. 이중구는 손목시계를 보았다. 여섯 시 이십 분. 어저께 세 시 십오 분 전에 탔으니까 꼭 스물일곱 시간 하고 삼십오 분이 걸린 셈이다.

김동리의 단편소설 〈밀다원 시대〉의 첫 장면이다. 한국전쟁이 일어나자 김동리는 마지막 피난 열차를 타고 서울에서 부산으로 갔다. 장장 스물일곱 시간이 넘게 걸리는 고통스러운 길이었다. 가족을 남겨두고 혼자 떠나야 했던 그의 가슴은 비통하고 찢어지는 듯했을 것이다. 그러나 피난지 부산에서의 생활도 녹록하지는 않았다. 인민군은 한 달도 되지 않아 낙동강까지 밀어닥쳤고 상황은 절망적이었다. 다방 '밀다원'에 모인 문인 가운데 일부는 굶주림과 절망에 지쳐 자살하기도 했다. 〈광복절의 노래〉와 〈보리밭〉의 작곡자 윤용하는 구걸을 했고, 화가 이중섭은 배고파 우는 아이에게 복숭아를 그려주었다.

전쟁은 잔혹했다. 헤아릴 수 없이 많은 이들이 서울에 가족을 두고 부산으로 피난 왔지만, 그들을 기다리는 것은 굶주림뿐이었다. 그래도 청춘남녀는 사랑을 했다. 환도還都하자, 석 달 동안 부산에 머물던 남자는 서울로 올라간다. 피난 시절 부산에서 맺은 사랑은 환도와 함께 이별이 된다.

> 보슬비가 소리도 없이 이별 슬픈 부산 정거장
> 잘 가세요, 잘 있어요, 눈물의 기적이 운다
> 한 많은 피난살이 설움도 많아,
> 그래도 잊지 못할 판잣집이여
> 경상도 사투리의 아가씨가 슬피 우네
> 이별의 부산 정거장

박시춘이 작곡하고 남인수가 부른 〈이별의 부산 정거장〉 가사다. 그저 유행가 가사라기에는 너무나 애절하다.

전쟁이 끝나고 피난민들이 서울로 돌아왔다. 철도가 이번에도 환도하는 시민을 실어날랐다. 폐허로 변한 도시에서 그래도 살아야 했기에 공장을 짓고 일을 했다. 열차는 전후 복구에 필요한 물자와 원조 물품을 싣고 힘차게 전국으로 달리기 시작했다.

대한민국 초대 대통령 이승만은 한국전쟁이 일어나자 기민하게 워싱턴 정가를 움직여 연합군을 참전하게 했다. 그러나 부패한 이승만 정권은 민주주의를 억압했으며 미국과 서방에서 들어온 원조 물자는 전쟁고아나 시민이 아닌 권력자 차지였다.

1956년 대통령 선거를 앞두고 민주당은 열차를 타고 전국 각지로 유세를 다녔다. 그들이 탄 열차에는 민주주의에 대한 국민의 염원이 실렸다. 신익희 후보의 유세가 열린 한강 백사장에는 30만 인파가 몰렸다. 그러나 불행히도 민주주의에 대한 국민의 열망을 한몸에 받았던 신익희는 전주로 유세를 나섰다가 호남선에서 심장 발작을 일으킨다. 국민들은 눈물을 흘리면서 그의 죽음을 애도했다.

> 목이 메인 이별가를 불러야 옳으냐
> 돌아서서 이 눈물을 흘려야 옳으냐

손인호가 불렀던 대중가요 〈비 나리는 호남선〉은 신익희의 죽음과 함께 온 국민의 애창가요가 되었다. 많은 사람이 그의 죽음을 비통해하면서 이 노래를 불렀다.

철도는 이러한 슬픔 속에서도 전후 복구에 이바지했다. 여객을 실어나르고 화물을 운송했다. 철도는 전후 복구에 필요한 목재와 시멘트, 석탄을 운송하는 가장 중요한 교통수단이 되었다.

4·19와 5·16을 거쳐 이제 경제개발을 위해 달렸다. 미국의 원조에만 의지해서 살아갈 수는 없었다. 늘어나는 교통량과 운송량

을 감당하기 위해 철도는 복선화되고, 계속 증설되었다. 전국 곳곳에 공장이 건설되면서 자재와 수출품을 운송했다. 경부고속도로를 닦고, 조선소와 자동차 공장, 비료 공장과 섬유 공장 그리고 포항제철이 들어서며 한국은 마침내 '한강의 기적'을 이루었다.

여러 건설 회사가 중동으로 진출해 사막에 수로를 만들고 도시를 건설했다. 1946년 수출액은 불과 300만 달러였으나, 1977년에는 100억 달러를 돌파했다. 전쟁으로 잿더미였던 한국이 불과 20여 년 만에 세계가 놀랄 기적을 이룬 것이다. 물론 이러한 기적 뒤에는 수많은 노동자의 눈물과 땀방울이 있었다.

1960년대와 1970년대에는 병든 부모 대신 생계를 책임지기 위해, 혹은 오빠의 학비를 벌기 위해 우리 누이들이 기차를 타고 무작정 서울로 상경했다. 이들은 대한민국 경제를 일으키는 첨병이 되었다. 작업 환경은 열악했다. 기숙사는 춥거나 더웠으며, 살인적인 작업 시간을 이겨내야 했다. 경제 발전을 위해 노동자의 권리는 침해되었다. 임금은 노력에 비해 턱없이 적었다. 그러나 노동자들은 전국에서 열차를 타고 끝없이 올라왔다. 그들은 구로공단에서 납인두로 전자 제품을 만들고, 섬유 공장에서 밤새도록 직기織機를 돌렸다.

서울역은 근대화의 상징이었고 서울시의 관문이었다. 추석이나 설에 귀향할 때면 차표 끊으려는 사람들로 광장이 가득 찼다.

빛이 있으면 그늘도 있는 법. 서울역 주위에는 일본의 잔재인

독버섯이 자라고 있었다. 유곽에서 시작된 사창가가 서울역 건너편 양동에 번창했다. 무작정 상경한 시골 소녀가 서울역에 내리면, 펨푸(호객꾼)나 포주가 기다렸다가 유인하여 사창가에 팔아넘겼다. 종로3가, 양동, 청계천8가 등 시내 곳곳에 사창가가 들어섰다.

1980년 5월 16일, 서울역은 민주화의 광장이었다. 비가 내리는 가운데 학생과 시민 10만 명이 모여 신군부 타도를 외치고 민주화를 노래했다. 2010년 서울역 광장은 한국철도공사의 고속철도 시발점이 되었다. 이제는 서울의 관문으로 밝은 빛이 비춘다.

아직 열차를 타보지 않은 어른은 없으리라. 우리는 무심하게 열차를 타지만, 열차는 공기 같은 존재면서, 질곡의 역사와 결코 잊을 수 없는 애환을 갖고 있다. 이 책은 경부선을 중심으로 한 한국 철도에 대한 이야기다.

2010년 가을
이수광

프롤로그
떠난 열차는 아름답다 5

나는 새도 따라오지 못한다

번개처럼 달리고 바람과 비처럼 날뛰다   경인선   17
힘깨나 쓰는 장정 철도 역부로 끌려가고   경부선   31
화륜거를 혼자서 무슨 수로   경의선   47
"철도를 방해하는 자, 사형에 처한다"   경원선   65

꽃구름 속에 낭만을 싣고

조선은 임자 없는 고깃덩어리   81
청산에 묻힌 옥도 갈아야만 광채 나고   89
광막한 황야에 달리는 인생아   109
미루나무 잎사귀가 검푸르게 나부꼈다   125
거리는 부른다, 환희에 빛나는   143

해방의 감격을 달리는 열차

죽은 이상, 기차를 타고 돌아오다 155
모던 걸, 꽃바람에 스러지다 167
"조센징은 삼등칸에 타라!" 179
야망과 광기를 싣고 달리는 열차 189
돌아오네 돌아오네, 부모 형제 찾아서 203

만 리 넘어 기적이 운다

분단, 전쟁 그리고 피난 217
"어머니! 저는 꼭 살아서 다시 쓰겠습니다" 235
목이 메인 이별가를 불러야 옳으냐 255
스위치백은 사라지고… 열차 유정 267
영자의 전성시대 275
그를 위해 기적을 울려라 287

에필로그
철도 백 년의 사랑과 눈물, 웃음과 한숨 299

제1부

나는 새도
따라오지
못한다

우리 철도가 태어난 지 어느새 백 년이 넘었다.
많은 사람이 오늘도 기차를 탄다.
그러나 기차를 타고 오가는 철길,
백 년 전 처음 건설된 이 철로의 침목 하나하나에
조선인의 피와 눈물이 서려있다는
사실을 아는 사람은 많지 않으리라.
서양 문물이 물밀듯 밀려들어올 때
철도는 깊은 잠에 빠진 조선인을 흔들어 깨운 천둥소리였다.

번개처럼 달리고
바람과 비처럼 날뛰다
경인선

지난 8월 29일은 '경술국치'라 부르는 한일합병이 강제로 이루어진 지 100년 되는 날이다. '국권피탈일'이라고도 부르는 1910년 8월 29일로부터 어언 100년이 흘렀다는 상징성 때문에 방송과 신문은 떠들썩했지만, 그날이 지나고 나면 금방 망각한다. 심지어 일본이 한국을 지배함으로써 우리의 근대화에 이바지했다고 말하는 사람이 있는가 하면, 일본이 건설한 철도가 조선을 근대화시켰다고 주장하는 이도 있다. 철도가 조선의 근대화를 앞당긴 것은 사실이지만, 일본이 한국의 근대화에 이바지하지 않았다. 그들의 이익을 위해 강제로 병탄하고 철도를 건설한 것이지, 조선을 위한 것이 아니었기 때문이다.

　일본이 철도를 건설하지 않았다면 우리는 철도를 건설하지 못했을까. 그렇지 않다. 대한제국 정부도 철도를 건설하기 위해 부단히 애썼고, 독립협회 회원을 비롯한 당시 지식인도 철도가 한국의 근대화를 촉진할 것이라는 사실을 자각하고 많은 노력을 기울였다. 다만 국운이 기울어가는 시기라 철도 건설을 일본에 강탈당했을 뿐이다.

어쨌거나 철도는 당시 조선인의 정신세계에 많은 변화를 불러왔다. 특히 우리나라 최초의 철도 경인선은 서양 문물에 대한 인식을 송두리째 바꾸었다.

1899년 경인선이 개통되고 세간에 화제가 된 인물이 있다.

"장내에 앉아계시는 여러 어르신. 그동안 가내 무탈하시고 강녕하신지요? 산천초목이 눈앞에 닿는 듯하고, 날아다니는 새도 따라오지 못할 만큼 빠르게 달리는 화륜거火輪車 안에서 바깥 경치를 구경하시는 자미가 쏠쏠하시지 않습니까? 이게 기차라는 놈입니다. 창밖으로 산천초목이 앞뒤로 달려 눈이 어질어질하지만, 사실은 기차가 달리는 것입니다. 그럼 기차란 무엇이냐? 어디에 쓰는 물건인고? 이렇게 물어보는 어르신도 있을 겝니다. 잘 물어보셨습니다. 금강산도 식후경이라고 모르면 물어서 알아야 합니다. 기차란 불을 때서 수증기를 만들고 그 압력으로 달리는 것입니다. 그래도 잘 모르시겠습니까? 그러시면 집에 돌아가 무얼 타고 왔다고 자랑을 하시겠습니까? 이 신기한 기차를 타기 위해 경상도, 전라도, 충청도, 강원도, 평안도, 저 멀리 함경도 아바이까지 보리쌀 팔고, 쌀 팔아서 오시지 않았습니까? 그렇게 벼르고 별러 먼 곳에서 부터 와서 기차를 탔는데, 집에 돌아가시면 무어라고 자랑을 하시겠습니까? 각설하고, 인사 올리겠습니다. 저로 말씀 드릴 것 같으면 인천 죽현에 사는 이경봉이라는 사람이올시다."

1899년 10월 어느 날, 지금으로부터 약 100여 년 전 일이다. 열차가 인천을 출발한 지 얼마 되지 않아 사람들이 모두 창밖을 내다보느라고 정신이 없을 때, 한 사내가 초조한 표정으로 눈치를 살피다가 입을 열었다. 사내는 덜컹대는 기차 안에서 단박에 사람들의 시선을 끌어모았다. 퇴락한 시골집과 마을, 개울과 들판, 낮은 야산이 획획 지나가는 바람에 눈이 어질어질하여 탄성을 내뱉던 승객들이 모두 사내를 쳐다보았다. 사내는 머리를 짧게 잘라 뒤로 넘기고 콧수염을 길렀으며 양복을 입고 있었다. 키는 작았지만 호리호리한 체격에 구두까지 신은 모양새가 보기 드문 개화쟁이 차림이었다. 양복 입은 사람 보기가 하늘의 별 따기처럼 어렵던 시절, 제물포 일본인 거류 지역에 사는 왜놈이 아닌가 하여 일부러 눈을 맞추지 않으려는 사람까지 있었다.

1899년이면 명성황후가 일본인에게 시해된 지 4년째 되는 해고, 국호를 대한제국으로 바꾸고 칭제건원稱帝建元한 지 2년째 되던 해다. 서구 열강은 조선에 진출하여 이권을 강탈하느라 혈안이었고, 일본은 '조선은 고깃덩어리다. 누가 먼저 뜯어먹느냐가 중요하다' 라는 망언을 서슴지 않았다. 조선인은 이권을 강탈해가는 외세에 대해 반감을 가졌으나, 개화한 서구 문명에 대한 관심은 높았다.

"오늘 이렇게 제가 나온 것은 여러분에게 득이 되는 말씀 한마디 올리려는 것입니다. 여러 어르신, 이렇게 화륜거 타고 나들이 하시니, 개명천지를 반대만 할 것이 아니라는 생각이 들지 않습니까? 세상 오래 살고 볼 일입니다. 개화를 하니 인천에서 한양이 백리 길인데, 덜컹대는 쇠수레를 타고 가만히 앉아서 한 시간 만에 오게 되었습니다. 이런 일을 우리가 꿈이나 꾸었습니까?"

이경봉이라는 사내는 차 안에 가득한 승객들을 살피면서 청산유수로 말을 쏟았다. 차에 탄 이들은 각양각색이었다. 하얀 도포를 입고 갓을 쓴 사람, 한 자도 넘는 장죽을 입에 문 노인, 봉두난발에 베수건 하나를 머리에 두른 종, 중인으로 보이는 장사치로 넘쳐났다.

"이게 화차올시다. 불을 때서 달리는 화륜거, 쇠로 만든 바퀴가 있으니 쇠수레라고도 합니다만, 기차라고 하는 것이 옳습니다. 어떻습니까? 쇠수레 바깥으로 달리는 풍경을 보니 보리쌀이 아깝겠습니까? 그런데 이 좋은 것을 보려면 몸이 건강해야지요. 내가 천금을 가진 부자고, 내 집에 꽃같이 아리따운 첩이 있으면 무얼 합니까? 소피를 보면 찔끔찔끔 나오고, 모처럼 애들 일찍 재우고 밤행사 한번 할라치면 가운데 있는 그놈이 말을 들어야지요. 괜히 용만 쓰다보면 마누라가 뭐라고 그럽니까? 문전옥답만 버렸다고 하지요."

이경봉의 말에 사람들이 피식거리고 웃기 시작했다. 점잖지 못한 말이라고 고개를 돌리는 양반도 있었다. 그러나 귀는 이경봉을 향해 바짝 열어놓고 있었다.

"오늘 제가 여러분께 한 말씀 올리고자 하는 것은 이런 분들에게 특효약을 소개하기 위해섭니다. 이 약이 무엇이냐? 만병통치약 '청심보명단'입니다. 그럼 요것이 어디에 쓰이는 약이냐? 한번 들어보십시오. 아침에 일어나면 눈꺼풀이 천근처럼 무거운 분, 날씨만 흐려도 팔다리가 쑤시는 분, 밥을 먹어도 좀처럼 소화가 되지 않고 헛배가 부른 분, 마음은 이팔청춘인데 마누라 옆에 가기가 괴로운 분, 이런 분이 드시면 즉효를 볼 수 있는 약이올시다. 돈을 받지 않을 테니 우선 하나씩 드시고 마음에 드시면 사십시오."

이경봉은 가방에서 빨간 약을 꺼내 승객에게 한 알씩 나누어주었다. 공짜라면 양잿물도 받아먹는다는 말도 있었으니, 이경봉이 나누어준 청심보명단을 너도나도 입에 털어넣었다. 당시 크게 유행하던 은단(銀丹: 맛이 산뜻하고 기분을 상쾌하게 하는 약제) 맛과 비슷했다. 승객들은 서로 질세라 이경봉에게 청심보명단을 샀다.

청심보명단은 인천의 제생당한약방에서 제조한 약이다. 이경봉은 형님이 운영하는 약방에서 약초를 썰다가 일이 없으면 제조한 약을 가지고 팔러 다니는 사환에 지나지 않았다. 당시 인천에는 일본인 거류지가 있었다. 일본은 1868년 메이지유신 이후 급속한 근대화로 양약을 대량으로 생산했다. 그 양약이 일본인이 살던 인천에 들어왔던 터였다. 그는 재빨리 양약과 한약을 섞어 제조한 신약을 팔기 시작한 것이다.

이경봉은 경인선의 명물이 되었다. 열차를 처음 타본 사람은 청심보명단을 사가지고 돌아가 증거로 삼았다. 죽기 전에 열차 한 번 타보겠다고 보리쌀 팔고, 쌀 팔아 당시 자장면 값의 이삼십 배에 해당하는 돈을 내고 열차를 탄 사람은 청심보명단을 사서 고향으로 돌아갔다. 이경봉은 말을 청산유수로 잘했다. 경인선을 탄 사람이라면 일단 그의 현란한 말솜씨에 약을 사지 않을 수 없었다. 때마침 크게 번진 호열자(콜레라)에 청심보명단이 특효약이라는 소문까지 퍼져서 더욱 많은 돈을 벌었다. 이윽고 이경봉은 구한말 조선의 거부가 되었다. 예전에는 말 잘하는 사람을 '구변쟁이'라 불렀는데, 이경봉 이후에는 '약장수'라고 부르게 되었다. 우리나라에 철도가 처음 들어온 때의 풍경이다.

우리나라에서 열차를 처음 탄 사람은 조선 시대의 문신 김기수金綺秀다. 그는 1875년(고종 12년), 현감으로 별시문과에 병과로 급제하여 홍문관 응교에 오르고, 1876년 운요호 사건으로 강화도에서 병자수호조약이 체결되자 예조 참의로 일본 수신사에 임명된다. 김기수는 사절단 76명을 이끌고 4월 4일 서울을 출발하여 29일 부산에서 일본 기선 고류마루 호를 타고, 시모노세키로 건너간다. 고베를 거쳐 5월 7일 요코하마에 입항한 사절단 일행은 일본 외무성 관리의 마중을 받고 특별열차 편으로 도쿄로 향한다. 김기수는 수신사 임무를 마치고 돌아와 《일동기유日東記游》(1877)라는 기행문을 남기는데, 여기에 열차를 처음 타본 소회를 적나라하게 기록하여 화제가 되었다.

> 칸마다 모두 바퀴가 있어 앞차의 화륜이 먼저 구르면 여러 차의 바퀴가 일제히 따라 구르는데 소리가 우레 같았다. 번개처럼 달리고 바람과 비처럼 날뛰었다. 한 시간에 삼사백 리를 달린다고 하는데 차체는 조금도 흔들리지 않고 편안했다. 다만 좌우의 차창으로 산천, 옥택屋宅, 사람이 보이기는 했으나 앞에서 번쩍, 뒤에서 번쩍하여 도저히 종잡을 수가 없었다.

《일동기유》 2권에 기록한 '완상玩賞'이라는 제목의 글 가운데 한 대목이다. 김기수의 기행문은 나오자마자 널리 읽히는 명저가 되었다. 이것은 우리나라 지식인에게 처음으로 열차를 소개한 글이었다. 그러나 아직 철도 건설은 꿈꿀 수도 없었다. 1882년 미국과 수교 이후 워싱턴에 대리공사로 파견되었던 이하영에 의해 조선 왕실과 조정도 비로소 철도에 관심을 갖게 되었다. 이하영은 철도를 건설해야 하는 이유를 왕실과 조정 대신에게 낱낱이 설명했으나, 재정 고갈을 이유로 독일인 고문 묄렌도르프Paul George von Möllendorf가 반대하여 뜻을 이루지 못했다.

일본은 1880년대부터 조선의 철도 부설권을 획득하기 위해 치밀한 공작을 벌인다. 명성황후는 일본의 야욕이 노골화되자 러시아를 이용해 일본을 물리치고자 '인아거일引俄拒日' 정책을 실시했다. 인천에 거주하던 일본인은 명성황후에 의해 이권이 러시아와 미국 등으로 넘어가자 분노했다. 그들은 고종황제가 명성황후의 치마폭에서 헤어나지 못한다면서 맹렬하게 비난했다.

1895년 10월 8일 새벽, 일본은 군대와 낭인들을 동원하여 경복궁으로 쳐들어가 건청궁 옥호루에서 명성황후를 시해하고 불태우는 만행을 저질렀다. 고종은 연금되었으며 세자 이척(훗날의 순종)은 일본군의 칼등에 맞아 기절하기까지 했다. 일본은 고종과 대원군을 협박하여 김홍집 친일 정권을 수립했다. 이에 그치지 않고 단발령을 실시하여 고종황제의 머리를 깎았다. 친러파인 이범진李範晉은 고종을 러시아 공사관으로 파천시키기 위해 군대를 이끌고 대궐로 들어가려고 했으나 사전에 발각되어 해외로 탈출했다. 이듬해 비밀리에 귀국한 이범진은 이완용과 그의 형 이윤용李允用, 러시아 공사 베베르Karl Ivanovich Veber 등과 고종을 러시아 공관으로 파천시키는 계획을 도모했다.

궁녀 김 씨와 고종이 총애하던 엄 상궁을 통해 고종에게 접근한 이범진은 왕실의 안전을 들어 러시아 공사관으로 파천할 것을 종용했다. 명성황후 시해로 불안과 공포에 떨던 고종은 친러파의 계획에 찬성했다. 러시아는 1896년 2월 10일 공사관 보호를 구실로 인천에 정박해있던 러시아 군함에서 수군 120여 명을 차출하여 서울로 불러들였다. 1896년 2월 11일 새벽 고종과 왕세자는 극비리에 궁녀의 가마를 타고 경복궁 영추문迎秋門을 빠져나와 러시아 공사관으로 이동했다.

"오적을 포살하라."

고종은 러시아 공관으로 파천한 뒤, 친일 내각의 총리대신 김홍집과 농상공부 대신 정병하 등 오적을 참살하라는 영을 내렸다. 이에 김홍집과 정병하는 거리에서 흥분한 군중에 맞아죽고, 내부대신 유길준을 비롯한 고관 10여 명은 일본 군영으로 달아나 망명했다. 탁지부 대신 어윤중은 도피 중 백성에게 살해되었다.

> 역적의 우두머리인 김홍집과 정병하는 이미 처단당했지만, 조희연과 유길준 이하 여러 역적은 또 모두 도망가서 잡지 못하였습니다. 대체로 죄는 시역죄弑逆罪보다 더 중대한 죄가 없고, 역적은 김홍집·정병하·조희연·유길준보다 더 큰 역적이 없으니, 설사 만 토막을 내고 그의 십족十族을 도륙하더라도 오히려 귀신과 사람들의 분노를 씻을 수 없을 것입니다.

최익현이 상소를 올렸다. 친러 내각은 친일파를 국적國賊으로 단

죄하는 한편, 단발령 실시를 보류하고 의병을 회유하며 공세를 탕감하는 등 민심 수습에 나섰다. 일본의 강압으로 실시하던 개혁 사업도 폐지했다. 또 지방 제도를 한성부漢城府와 13도로 개편하고 국내에 있던 일본인 고문관과 교관을 파면하는 한편, 러시아인 고문과 사관을 초청했다. 아관파천으로 인해 일본은 큰 타격을 받았다.

일본에 대한 분노와 복수심이 가득했던 조선은 우리나라 최초의 철도인 경인선 부설권을 미국인 모스James R. Morse에게 넘겨주었다. 그러나 모스는 철도를 건설할 만한 재력을 갖춘 인물이 아니었다. 1897년 3월 22일 인천 우각리(지금의 도원역 부근) 야트막한 언덕에서 기공식을 갖고 공사를 시작했으나, 자금 부족으로 그는 파산하고 말았다. 이때 일본이 180만 원이라는 거금을 지급하겠다고 제안하자, 모스는 더 이상 진행하지 않고 팔아넘겼다.

모스로부터 일체의 권한을 인수한 일본은 1897년 4월 23일 인천에서 다시 한 번 기공식을 거행한 뒤 6개월 만에 인천에서 한강까지의 토목공사를 끝내고, 이듬해 6월 10일부터 궤도 부설을 시작해 19일에는 철도 건설 열차가 운행되기 시작했다. 1899년 9월 18일, 마침내 인천에서 노량진까지 약 33킬로미터에 이르는 궤도 부설이 끝나고 임시 열차를 운행하여 경인선이 개통되었다. 한강 북쪽에서 서울역까지 약 3킬로미터 구간 공사는 1900년 5월 26일에 착수하여 7월 5일 한강 철교 준공과 함께 완공되었다. 마침내 인천-서울 간 전 구간이 개통되었다. 이때 가설된 한강 철교는 경인선 부설에서 최대 난공사였는데, 홍수와 혹한으로 몇 차례나 공사를 중단한 끝에 270일 만에 완공되었다. 열차는 미국 브룩스 사Brooks社에서 만든 모갈 형Mogul型 탱크기관차를 도입했다. 경인선 개통은 조선인에게 충격, 그 자체였다.

> 화륜거 구르는 소리 우레와 같아 천지가 진동하고, 기관거의 굴뚝 연기는 반공으로 솟아오르더라. 수레 속에 앉아 영창으로 내다보니 산천초목이 모두 활동하여 닿는 것 같고 나는 새도 미처 따르지 못하더라.

〈독립신문〉에 실린 경인선 시승기다. 기차가 달리는 소리는 확실히 조선인이 그때까지 전혀 들어보지도 못한 우렁찬 소리였다. 산천초목이 앞에 있는 것 같았는데 어느새 뒤에 와있고, 날아다니는 새도 따라오지 못할 정도로 빨랐다. 그러나 이는 기차 안에서 본 풍경이다. 기차 밖에서 본 풍경은 어떠한가.

뽀옥! 뽀오옥!

먼저 기적 소리가 울리고 굴뚝에서 시커먼 연기가 솟아오르는 기차의 모습이 보인다. 이어 덜컹대는 굉음과 함께 기차가 쏜살같이 달려온다. 기차는 눈 깜짝할 사이에 달려와 기적 소리와 함께 먼 들판으로 사라졌다. 말과 수레밖에 보지 못했던 조선인에게는 경이로운 광경이었다.

철도는 근대화의 상징이었으나 이보다 앞서 개통한 전차가 이미 서울 시내를 달리고 있었다. 전차가 경인선 개통보다 조금 빨랐다. 그래서 기차가 달리는 모습이 아주 낯선 풍경은 아니었다. 1898년 2월 19일 미국인 콜브란Arthur H. Collbran과 보스트윅H. R. Bostwick은 대한제국 정부로부터 한성 시내에서의 전기 사업 경영권을 얻어 전차를 부설했다.

애초에 이들은 인천에서 미국인 모스와 함께 경인 철도 부설권을 획득했다. 그러나 자금 부족으로 철도 부설이 지지부진하자, 자리를 옮겨 대한제국 정부로부터 서울 시내에서의 전차와 전등, 전화 사업 등에 관한 독점권을 얻어냈다.

고종은 명성황후의 무덤인 홍릉을 자주 찾았다. 그때마다 많은 수행원이 동원되어 경비도 많이 들 뿐 아니라 시간도 오래 걸렸다. 콜브란과 보스트윅은 시간과 경비를 절약하기 위해서는 전차가 꼭 필요하다고 고종을 설득해 독점권을 획득한 것이다. 경복궁에 전기를 가설하여 이미 전등을 켜고 생활했던 고종은 전기를 이용한 근대 문명 도입에 적극적으로 찬성했다.

하여 자본금 150만 원으로 한미전기회사를 세웠는데, 출자액의 반을 고종이 부담하기로 했다. 계약과 더불어 고종은 40만 원을 냈고, 1904년 5월 말까지 35만 원을 추가로 출자한다는 약속어음을 발행했다.

콜브란과 보스트윅은 1898년 10월 18일 공사를 시작하여 그해

12월 25일, 서대문에서 청량리까지 1단계 공사를 완공한다. 또 좌우 20명씩 40명이 앉을 수 있는 개방식 차량 8대를 수입했다. 황실 전용으로 고급 차량도 1대 도입했다. 운전사는 일본 교토전차회사의 경험 있는 일본인을 초청했고, 차장은 한국인이 맡았다.

1899년 음력 4월 초파일(양력 5월 17일)에 전차 개통식이 열렸다. 모두 전차를 보고 경탄했다. 그러나 전차 개통을 반대하는 사람도 있었다. 전차가 개통되기 전, 송전선을 절단했다는 이유로 조선인 두 명이 참수를 당하기도 했다.

"전차가 사람을 죽였다!"

전차가 개통되고 일주일 만에 종로3가에서 어린아이가 치어 죽자 흥분한 조선인들이 전차를 불태우기도 했다. 그러나 전차를 이용하는 승객은 급속히 늘어났다. 그리고 개통과 함께 근대화의 상징이 된 경인선을 조선인은 다투어 탔다. 하룻길이던 서울과 인천이 불과 한 시간밖에 걸리지 않았으니, 전차란 조선인에게 문명의 이기를 몸소 보여주는 하나의 상징과도 같았다.

경인선은 조선이 근대화를 향해 질주하는 신호탄이었다.

힘깨나 쓰는 장정
철도 역부로 끌려가고

경부선

 아름드리 밤나무였다. 밤나무가 우지끈하고 넘어갈 때 김원록은 눈에서 불이 이는 듯했다. 해마다 밤이 탐스럽게 열려 가을이면 두세 가마씩 수확하던 밤나무가 철도 때문에 베이고 있었다. 아이들은 영문도 모르고 거대한 밤나무가 넘어지자 환성을 지르며 이리 뛰고 저리 뛰었다. 그러나 마을은 온통 난리였다. 집집마다 장정들이 역부로 끌려가고 토지는 강제로 수용되었다. 그런데 밤나무 몇 그루 벤다고 화를 낼 수는 없었다.
 '이제 밤이 열리기 시작했는데……'
 7월이었다. 한 달만 지나면 추석이고, 곧 쩍쩍 벌어진 밤송이를 수확하게 될 터였다. 시흥군 물왕리, 운흥산이 마을을 굽어보는 물왕리는 밤나무가 많아 율촌, 밤나무골 또는 밤골이라고 불렸다. 가을이면 집집마다 몇 가마씩 수확한 밤을 장에 내다 팔아서 요긴하게 썼다. 그런 밤나무가 철도 건설 때문에 마구잡이로 베어지고 있었다. 장정들은 바쁘게 움직였다. 목수들이 달려들어 나뭇가지를 쳐냈다. 장정들은 목수가 다듬은 밤나무를 건설 현장으로 운반하느라 땀을 뻘뻘 흘렸다. 동네 아낙네들은 일본인과 장정들의 밥을 하느라 정신이 없었다.

"빨리빨리 하라."

일본인 사원이 서툰 조선말로 소리를 질렀다. 그는 당꼬바지에 도리우치 모자를 쓰고 있었다.

"아부지, 밤나무를 베면 제사는 어떻게 지냅니까?"

김원록은 열한 살배기 아들의 말에 가슴이 철렁했다. 추석 차례에는 밤이 반드시 올라간다. 그런데 밤나무를 베어냈으니 이제 장에서 사다가 올려야 한다.

"어른들 일에 참견 마라."

김원록은 괜시리 아들 지호에게 눈을 부라렸다. 나라에서 하는 일에 어린아이가 참견하고 나설 계제가 아니었다. 그러잖아도 시절이 어수선하여 머릿속이 심란한 참이었다. 지호가 또랑또랑한 눈으로 김원록을 바라보다가 장정들이 목도(두 사람 이상이 짝이 되어, 무거운 물건이나 돌덩이를 얽어맨 밧줄에 몽둥이를 꿰어 어깨에 메고 나르는 일)하는 큰길로 달려갔다. 집 뒤에 있는 밤나무만 베는 것이 아니라 운흥산 밤나무를 모조리 베고 있었다. 밤나무를 베러 장정들이 하얗게 올라가있었다. 읍에는 철도역이 들어섰다. 철도가 지나가고 철도역이 건설되는 마을 땅은 철도 회사에 강제로 수용되었다. 철도 연변에 살던 사람들은 하루아침에 논밭을 빼앗기고 집에서 쫓겨났다.

"이제 한 달만 있으면 쌀을 수확하는데, 토목공사를 하면 어떻게 하란 말이야?"

논을 수용당한 사람들은 땅바닥에 주저앉아 울었다.

"어디 가서 살라고 집을 부수는가?"

집에서 쫓겨난 마을 사람들이 통곡했다. 일본인 철도회사에 달려가 항의했으나 조선 정부에서 허가한 일이라는 대답만 들었다. 조선인은 다시 군수에게 달려가 집을 헐어버리면 살 곳이 없다고 하소연했다.

"나라에서 하는 일을 백성이 어찌 따지는가? 황제 폐하의 칙령이 내렸다."

군수는 황제 폐하의 칙령이 내렸으니 항의하지 말라고 했다.

"우리는 어디 가서 산답니까? 백성이 살 곳은 마련해주어야 하지 않습니까?"

사람들은 군수 앞에서 울부짖었다.

"철도회사에서 보상해줄 것이다. 다른 곳으로 이사하여 집을 짓고 살라. 부모가 죽은 것도 아닌데 왜 이리 통곡하는가?"

군수는 철도회사에서 수용한 땅과 집에 대한 보상이 나올 거라고 했다. 그러나 하루가 지나고 이틀이 지나고, 한 달이 지나도 감감무소식이었다. 몇 달이 지난 뒤에 보상금이 나오기는 했으나, 시가의 10분의 1도 되지 않았다. 많은 주민이 눈물을 흘리며 철도역과 철도에 수용된 땅을 떠났다. 김원록의 형도 그랬다. 철도역이 건설된 곳에 집과 논이 있었던 그 역시 한 푼도 건지지 못하고 마을을 떠났다.

'형님은 잘 계신가?'

김원록의 형은 일가를 거느리고 처가가 있는 교하로 떠났다. 형님의 일을 생각하자, 김원록은 가슴에서 불길이 일었다. 교하에서 울분을 달래던 형님은 얼마 지나지 않아 역부로 징발되었다. 교하는 철도가 지나가지 않아 땅은 수용당하지 않았으나 대신 철도 건설에 필요한 역부를 대대적으로 징발했다.

하루는 일본 헌병이 들이닥쳐 노동자 300명을 동원해달라고 군수에게 요구했다. 군수가 노동자로 지원할 사람을 모집했으나 응하는 사람이 한 명도 없었다. 군수는 면과 리에 동원할 장정 숫자를 할당하여 강제로 동원하려고 했으나, 사람들이 일제히 반발했다.

"노동자가 지원하지 않는 것은 군수가 태만한 탓이다."

일본군 장교는 군수를 협박했다.

"일본군의 성화가 빗발친다. 속히 장정들을 동원하라."

군수가 명령을 내리자 순검들이 마을마다 돌아다니면서 장정을 모으려고 했다. 그러자 교하군 8면 35개 동 주민 수천 명이 노동자 강제 모집의 철회를 요구하고 나섰다.

"각 동의 집강(면과 리의 행정 사무를 보는 사람)은 앞으로 나오라."

일본군 장교가 병사 70명을 이끌고 주민을 포위했다. 집강들이 쭈빗거리고 앞으로 나오자, 일제히 그들에게 총구를 겨누었다.

"역부 20명을 당장 선발하라. 그러지 않으면 이들을 모조리 포살捕殺하겠다."

일본군의 협박은 무시무시했다. 주민들이 웅성거리면서 눈치를 살피자 일제히 하늘을 향해 총을 쐈다. 집강들이 마지못해 장정 20명을 선발했는데, 거기에 김원록 형도 포함되었다. 형은 그날로 경의선을 부설하는 개성 인근으로 끌려가 역부로 일하게 되었다.

'내가 명색이 양반이거늘 어찌 왜놈의 주구가 된다는 말인가?'

형은 철도 건설 현장을 탈출하여 교하로 돌아왔다.

"역부가 달아났으니 50명을 징발하라."

일본군은 더 많은 장정을 교하에서 징발했다. 50명을 징발한 뒤에는 다시 500명을 징발하여 교하의 장정 대부분이 역부로 끌려가게 되었다.

"장정들이 숨어있는지 샅샅이 수색하라."

일본군은 집집마다 뒤져 숨어있는 장정을 끌고 갔다. 형도 다시 일본군에 끌려갔다. 평소 노동 일을 해본 적이 없는 형이 흙을 나르고 논을 메우는 데 동원되었다. 결국 형은 과도한 중노동을 견디지 못하고 철도 건설 현장에서 죽었다.

'이건 왜놈들이 조선을 짓밟는 거야.'

김원록은 무엇인가 단단히 잘못되었다고 생각했다. 나라에서 하는 일이라 무엇이 잘못되었는지 정확히 알 수는 없었으나 철도 때문에 땅을 빼앗고, 나무를 함부로 베고, 장정에게 역부 일을 시키다니 옳지 않다고 생각했다.

"오잇! 거기 무엇 하고 있는가? 빨리 목도를 하라."

철도 회사의 일본인이 우두커니 서있는 김원록에게 눈알을 부라리면서 소리 질렀다. 김원록은 일본인에게 까탈을 잡히지 않으려 장정들과 다시 목도를 했다. 아름드리 밤나무를 혼자서는 나를 수 없기에 밧줄로 묶어 장정 6명이 목도하는 것이다. 한여름이라 날씨는 후텁지근했다. 불볕더위가 기승을 부리고 있었다. 목도하는 장정의 옷은 땀으로 걸레처럼 젖어있었다.

"힘깨나 쓰는 장정……."

충훈부의 성무경이 역부들 앞에서 직접 소리를 뽑았다. 그가 목도 소리를 뽑을 때마다 역부들이 일제히 합창했다.

"여엉차, 영차……."

충훈부는 나라에 공을 세운 공신에 대한 사무를 보는 곳이다.

"철도 역부로 끌려가고……."

"여엉차, 영차……."

"얼굴 반반한 계집……."

"여엉차, 영차……."

"갈보로 끌려간다."

"여엉차, 영차."

성무경이 목청을 뽑을 때, 장정들이 후렴을 반복했으나 김원록은 화가 치밀어 소리를 내지 않았다. 무거운 석물이나 목재를 나를 때 지치고 힘이 들기 때문에 소리로 기운을 북돋우는 것이다. 물왕리에서 철도 건설 현장까지는 10여 리. 목도를 하여 목재를 나르지 않으면 안 되었다.

사흘 만에 물왕리 밤골 장정들이 밤나무 목도를 마쳤다. 그들은 모두 파김치가 되어 돌아왔다. 이제는 곡식 수확할 준비를 하고 가을 농사를 지어야 했다. 고구마 캐고 깨를 거두어들이는 등 해야 할 일이 산더미같이 쌓여있었다.

"장정을 다시 모집하라. 아직 공사가 끝나지 않았다."

성무경이 마을로 돌아온 집강에게 말했다. 물왕리 밤골의 집강은 김원록이었다.

"철도 공사를 언제까지 해야 하는가? 농사일을 해야 한다."

김원록은 토목공사를 계속해야 한다는 성무경의 말에 또다시 화가 치밀었다.

"군수님의 명령이다."

"역부가 철도 현장에 나가서 일을 하면 돈이 들어간다. 노임과 식비를 지급하라."

김원록은 성무경에게 항의했다.

"출역비는 마을에서 공동으로 부담하라."

"무슨 소리인가? 역부로 일하고 돈도 우리보고 내라는 말인가?"

"우선 마을에서 내라. 공사가 끝나면 철도회사에서 지급할 것이다."

성무경은 마을이 출역비를 내고 장정들은 역부로 나와 일을 하라고 집강들을 다그쳤다. 그러나 집강들은 성무경의 지시를 따르지 않았다.

"관찰사께서 영을 내리셨다. 그러니 장정들은 다시 한천교에 모여야 한다."

성무경이 말했다. 장정들이 그 말에 일제히 웅성거렸다.

경기도 시흥군은 비옥한 한강 이남의 광대한 지역이었기 때문에 많은 인구가 살고 있었다. 1904년 7월 시흥군에 철도 역부 8000명을 동원하라는 관찰사의 명령이 내려왔다. 8000명은 어마어마한 숫자였다. 7월 9일 시흥군청에는 도민 수천 명이 운집하여 명령을 거두라고 요구했다. 군중의 기세는 흉흉했다. 이들 기세에 놀란 시흥군수는 관찰사에게 달려가 동원 숫자를 줄여달라고 청하여 3000명을 할당받았다. 군수는 각 동(현재의 동이 아닌 부락 단위의 작은 마을)마다 역부 10인을 차출하라는 영을 내렸다. 게다가 역부에 드는 비용마저 마을에서 공동 부담하라고 해서 그러잖아도 흉흉한 민심을 들끓게 만들었다. 일본은 역부에게 주는 노임이나 동원 비용을 결제하지 않았다. 일본 토건 회사는 이를 관청에 떠넘겼고,

관청은 다시 마을에 넘긴 것이다. 게다가 중간 관리자들이 역부의 노임을 횡령했다. 일본 토건 회사에서부터 관찰사, 군수, 서기까지 줄줄이 횡령하여 안 그래도 적은 임금이 한 끼 식사조차 할 수 없는 지경에 이르렀다. 그렇게 턱없이 부족한 노임을 메우기 위해 마을마다 출역비를 강요하자 민심이 폭발했다.

"우리 마을에 2000냥이 할당되었다고? 대체 역부로 끌려나가 일하는 것만 해도 분통이 터질 노릇인데, 돈까지 내란 말이야?"

물왕리에 사는 민용훈이 분개하여 말했다. 민용훈은 양반이었다. 갑오경장으로 아무리 반상班常의 구별이 없어졌다고는 해도 떠돌이 상인이나 농사꾼과 같이 역부로 동원되는 데 치욕감을 느끼던 터에 돈까지 내라고 하자 눈에서 불이 일어나는 것 같았다.

"이게 모두 박우양 군수가 돈을 횡령했기 때문이야."

광명리에 사는 하주명이 민용훈에게 동조했다.

"돈을 횡령하다니? 무슨 돈을?"

"군수가 역부를 모집하면서 뇌물로 수십만 냥을 받아먹었대."

"나도 들었어. 일본인한테 300원을 받았대."

"그래. 장정 1인당 식비가 13냥 5전씩 배급되었는데, 군 서기가 이를 가로챘다더구만."

민용훈과 하주명이 불만을 토로하자 여기저기서 주워들은 이야기를 꺼내놓았다. 이내 사람들은 일본인과 관리들을 성토하기 시작했다. 민용훈은 철도 역부 모집에 비리가 있으니 이를 규탄해야 한다면서 사발통문을 돌렸다. 그의 사발통문은 시흥군 관내 43개 동에 전달되었다. 마침내 한천교에 만여 명이 집결하여 박우양 시흥 군수를 규탄했다.

"철도 건설 역부에게는 노임과 식비를 주게 되어있다. 그런데 노임과 식비를 지급하기는커녕 우리가 돈을 내야 하니 이런 경우가 어디 있는가?"

하주명이 성무경을 비난했다.

"노임과 식비는 나중에 나온다. 지금은 철도 건설이 시급하다."

성무경이 궁색한 변명을 했다.

"철도는 누구를 위하여 건설하는가?"

"군수님의 지시니 내가 어찌 아는가?"

"네가 군수님과 어울려 부정을 저지른 것을 다 알고 있다."

"무슨 소리냐? 정 그렇다면 군청에 가서 재판을 해보자."

"좋다. 재판하자."

시흥의 장정들은 박우양 군수가 있는 군위로 몰려갔다. 시흥 군수 박우양은 장정 1만여 명이 몰려오자 대경실색했다. 당황하여 인근에 있던 일본인 석공 10여 명을 불렀다. 이들이 일본도와 몽둥이로 무장하고 장정들과 맞섰다. 그들은 일본도를 휘두르면 물러갈 것이라고 생각했다.

"모두 해산하라. 해산하지 않으면 죽인다."

"죽여라!"

역부 하나가 일본인에게 달려가면서 냅다 소리를 질렀다. 그러자 일본인이 칼을 휘둘렀다. 그는 피투성이가 되어 나뒹굴었다.

"왜놈이 사람을 죽인다!"

김원록은 가슴속에서 뜨거운 분노가 치밀었다. 그는 몽둥이를 들고 일본인을 향해 달려갔다. 장정들도 함성을 지르면서 달려들었다. 일본인들은 도망치면서 칼과 몽둥이를 닥치는 대로 휘둘렀다. 그 칼에 김원록의 귀가 떨어져나갔다. 달아나면서 마구 내두른 칼 때문에 조선인 1명이 사망하고 7명이 부상당했다.

'이놈이 내 귀를 잘라?'

김원록은 눈에 번쩍 불이 났다. 몽둥이를 들고 달아나는 일본인을 쫓아가 내리쳤다.

"이놈, 네놈들이 무엇이건대 남의 땅을 빼앗고 사람들을 강제로 역부로 끌고 가느냐? 나라도 빼앗고 땅까지 빼앗을 작정이냐?"

김원록은 쓰러진 일본인에게 마구 몽둥이를 휘둘렀다. 언제 다쳤는지 머리에서도 피가 흘러내려 눈을 뜨기가 어려웠다. 다른 조선인들도 돌을 던지면서 추격했다. 흥분한 장정들은 일본인 2명을 살해하고 군수 박우양과 그 아들을 때려죽인 뒤, 관청에 불을 질렀다.

"우리는 일본인과 군수를 죽였다. 이는 모두 군수가 잘못한 탓이다."

민용훈은 다음 날 광명리에 장정들을 집결시키고 군수의 죄상을 열거한 연판장을 만들어 경기도 감영에 제출했다. 경기도 감영은 발칵 뒤집혔다. 동대문에 주둔하던 일본군 수비대 1개 소대를 급파하고 조선인 순검을 파견했다. 시흥군에는 대대적인 검거 선풍이 불었다. 대한제국 정부는 안핵사(조선 후기 지방의 민란을 수습하기 위해 파견하던 임시 벼슬)를 파견하여 20여 일 동안 사건을 조사한 뒤에 관련자를 재판에 회부했다. 1905년 4월 17일 김원록에게는 교수형이, 성무경 등에게는 100대의 곤장형과 종신형이 선고되었다.

경부선은 일본이 조선 침략과 수탈을 위해 건설한 철도였다. 일본은 조선을 침략하기 위해서는 자신들이 철도를 건설해야 한다는 생각으로 비밀리에 밀정을 파견하여 사전 답사를 끝마쳤다. 1890년 일본군 참모차장 가와카미 소로쿠川上操六는 조선과 만주에서 전쟁이 일어났을 때, 바닷길로 일본군을 수송하는 데 한계가 있다고 판단하여 부산과 한양, 의주로 이어지는 철도와 목포와 한양, 원산으로 이어지는 철도 건설 예정지를 비밀리에 답사하라는 훈령을 내렸다.

일본의 철도 건설은 조선 병탄과 장기적인 대륙 침략 계획에 의해 치밀하게 전개되었다. 일본은 민간과 군대가 협력하여 철도 부설을 위한 준비를 차근차근 진행하는 한편, 철도 부설권을 따내기 위해 총력을 기울였다. 그러나 조선 정부가 필사적으로 반대하는 바람에 1890년 후반에 이르러서야 간신히 부설권을 획득하고 토지 수용에 들어갔다.

　결국 대한제국 정부는 경부 철도 합동 조약을 체결했다. 일본의 위협으로 강제 체결한 조약이었기 때문에 토지를 무상으로 제공하는 등 불리한 조항투성이였다. 물론 대한제국 정부도 재정이 고갈된 상태였기 때문에 토지에 대한 보상을 할 수 없었다.

　일본은 남대문 역사 예정지로 자그마치 20만 평에 달하는 터무니없는 토지를 요구하여 주민들의 격렬한 반대에 부딪혔다. 그러자 어쩔 수 없이 5만 평으로 줄였고, 대부분의 철도 부지를 축소하여 수용했다.

　철도 건설에는 수천만 원이 필요했기 때문에 일본으로서도 자금 확보가 만만치 않았다. 그러나 철도 건설이 본격화되자, 가장 필요한 것이 철도 공사를 위한 역부였다. 철도 공사는 일본이 세운 경부철도합작회사가 총지휘했으나 실제 공사는 하청을 주었다. 한국에서는 철도 공사에 큰 자금이 투입된다는 사실 때문에 많은 사람들이 하청을 받으려고 회사를 설립했다. 일본도 반발을 무마하기 위해 한국 회사에 하청 주는 것을 원칙으로 했다. 그러나 하청을 받은 회사 사장은 대부분 전직 고관인 친일파였다.

　대한제국에서 일본이 영향력을 확대하자 러시아가 제동을 걸고 나섰다. 그러자 일본은 전쟁 준비에 돌입했다. 전쟁이 임박하자, 군수물자와 군대를 수송하기 위해 공사를 서둘렀다. 일본 회사가 본격적으로 한국에 진출하고 군대가 철도 건설을 지휘하게 되었다.

일본군과 일본 토건회사 직원이 사무소와 숙소로 조선인의 민가를 점령했다. 그들은 집을 차지하고 앉아서 가축을 잡아먹고 수십, 혹은 수백 명에 이르는 식사를 부담시켰다. 부녀자를 겁탈하는 자도 있었다.

힘깨나 쓰는 장정 철도 역부로 끌려가고
얼굴 반반한 계집 갈보로 끌려간다

항간에 조선인의 고달픈 신세를 한탄하는 노래가 유행했다. 그러나 조선인을 보호해야 할 대한제국 정부는 아무런 힘이 없었다.

화륜거를 혼자서 무슨 수로

경의선

눈보라가 세차게 몰아치고 있었다. 김우용은 걸음이 제대로 떨어지지 않았다. 이번에도 소득 없이 돌아오게 되자 비참한 심정을 억누를 길이 없었다. 세상이 잘못되었다. 남의 땅을 송두리째 삼키고도 오히려 땅 주인을 몰아세우는 조선통감부의 만행과 내부內部(조선 후기 내무행정을 맡아보던 기관)의 무능에 치가 떨렸다. 벌써 얼마나 많은 사람이 죽었는가. 땅을 강제 수용당하자 목매 자진하고, 조상의 묘를 파헤칠 수 없다면서 분묘 이장을 거부하다가 관아에 끌려가 곤장을 맞고 죽은 이도 있다. 어디 그뿐인가. 철도 건설 현장에서 심한 노동으로 끙끙 앓다가 죽은 사람은 헤아릴 수 없이 많았다.

'이 철도는 조선인의 피와 땀으로 건설된 거야.'

김우용은 북쪽으로 가지런히 뻗은 철도를 바라보면서 생각에 잠겼다. 지난 몇 년 동안 철도를 놓기 위해 비지땀을 흘렸던 일이 눈앞을 스치고 지나갔다. 철도를 놓는 동안 러일전쟁이 일어났고, 조선은 일본의 보호국이 되었으며, 의병이 일어나 전국을 피로 물들였다. 나라가 망해가는데도 김우용은 오로지 철도 건설에만 매달렸다.

"눈보라가 심한데, 조금 앉았다가 갈까?"

홍록관이 김우용에게 물었다. 눈보라가 세차게 몰아쳐 눈을 뜰 수가 없었다.

"담배라도 한 대 피우지."

김우용이 대답이 없자 홍록관이 철로 연변 둑 밑으로 내려갔다. 들판에서 불어오는 눈보라를 피하기에는 맞춤한 장소였다. 대답은 없었으나 김우용도 묵묵히 따라내려와 주저앉았다. 아직 쌓이지 않은 눈을 털어내고 풀숲에 엉덩이를 붙이고 앉았다.

"한 대 피우려나?"

홍록관은 품속에서 담배를 꺼내면서 김우용에게 물었다. 김우용이 집으로 돌아오는 내내 말 한마디 없는 것이 신경 쓰였다.

"형님, 먼저 피우세요."

"그래. 그럼……."

홍록관은 성냥을 꺼내 장죽에 불을 붙인 뒤 담배를 뻐끔뻐끔 빨았다. 연기가 입을 통해 코끝으로 푸르게 흘러나와 흩어졌다. 일본인이 조선에 들어온 뒤에 가장 널리 퍼진 것이 성냥과 석유였다.

뽀오옥!

멀리서 기적 소리가 들렸다. 김우용은 소리 나는 쪽을 돌아보았다. 이 눈보라 속에서도 기차는 달리는구나. 둑이 흔들리면서 덜컹대는 굉음이 들려왔다. 기차는 조선인이 목을 놓아 울듯이 그렇게 목쉰 기적 소리를 울리면서 달려오고 있었다. 저 기차를 달리게 하려고 몇 년 동안 역부로 동원되어 비가 오나 눈이 오나 일을 했던가. 기차는 달리고 있으나 땅에 대한 보상은 누구에게 받는가.

김우용은 관찰사의 얼굴을 떠올리면서 비감한 심정을 떨쳐버릴 수가 없었다. 관찰사는 눈을 부릅뜨고 곤장을 때렸다. 땅값을 보상해달라는 그를 감옥에 집어넣겠다고 위협했다.

"우리는 무엇을 믹고 삽니까? 나라에서 땅을 수용했으면 보상을 해주어야 하지 않습니까?"

김우용은 피를 토하듯이 절규했다.

"내가 나라에 보고했다고 하지 않느냐? 여기가 어디라고 감히 억지를 부리느냐?"

관찰사는 정부에서 대책을 세우지 않으니 자신도 할 일이 없다고 잘라 말했다.

뽀옥!

기적 소리는 더욱 커지고 땅이 진동했다. 기차는 굴뚝으로 검은 연기를 피워 올리면서 김우용이 앉아있는 둑길 옆 철로를 지나갔다. 저 기차가 신의주까지 간다지. 신의주를 지나면 신천지 간도가 있다고 했다. 아아, 차라리 고향을 등지고 신천지 간도로 떠날까. 그러나 대대로 일궈온 땅을 일본의 철도회사에 빼앗기고 떠나는 것은 너무나 억울했다.

"아무래도 고향을 떠야 할 것 같아. 이놈들에게 보상을 받기는커녕 폭도로 몰려 죽임을 당하지 않으면 다행이야."

홍록관이 시린 눈빛으로 눈보라가 날리는 하늘을 바라보면서 중얼거렸다.

"이내근의 딸이 갈보로 팔려갔다는군."

장죽을 빨던 홍록관이 한숨을 뱉듯이 말했다.

"누가 그럽니까?"

"평양 유곽에서 보았다는 거야. 한기만이 그러더군."

한기만은 일본인 회사에서 일하고 있었다. 김우용은 눈매가 곱던 이내근의 딸을 생각하자 가슴이 타는 듯했다. 일본군이 주둔하면서 유곽도 생겨났다. 많은 여자가 굶주림을 견디다 못해 팔려갔다. 특히 땅이 철도 부지로 수용되면서 하룻밤 사이에 오갈 곳이 없어진 이들이 걸인이나 도적이 되는 일도 빈발했다. 일본인에게 고리로 돈을 빌렸다가 갚지 못해 부인과 딸을 빼앗기는 경우도 있었다. 이내근도 집이 철도 부지에 수용되어 하룻밤 사이에 헐리자 당장 갈 곳이 없었다. 할 수 없이 일본인에게 돈을 빌려 철도 부지에서 멀리 떨어진 곳에 쓰러져가는 집을 마련했는데, 기한이 되어도 갚을 길이 없었다. 결국 이내근의 딸이 일본인에게 끌려갔다.

"공연한 소문일 겁니다."

김우용은 사실인 줄 알면서도 일단 부정했다.

"마을이 다 아는 걸."

홍록관이 콜록콜록 기침을 하고 말했다.

"한 모금 빨아보게."

홍록관이 장죽을 김우용에게 넘겨주었다. 김우용은 묵묵히 장죽을 받아 연기를 폐부 깊숙이 빨아들였다가 토해냈다. 김우용은 딸 영순의 얼굴이 떠올랐다. 김우용도 일본인에게 돈을 빌렸다. 철도 부지에 수용된 땅값만 받으면 갚을 수 있으리라 생각했다. 그러나 보상비는 나오지 않았다. 빌린 돈을 갚지 못하게 되었으니, 영순이도 끌려가 첩이 되거나 유곽에서 갈보 노릇을 하게 될 것이다. 집에는 먹을 것이 떨어져 아이들이 보채고 마누라는 움퍽 들어간 눈으로 자신만을 바라보고 있었다.

"가세."

홍록관이 자리를 털고 일어섰다. 김우용도 일어나 장죽을 홍록관에게 건네주고 걸음을 떼어놓았다. 관찰사에게 곤장을 맞아 걸음이 잘 떨어지지 않았다. 피라도 흘러내렸는가. 엉덩이가 쓰리고 따가웠다. 그래도 해질 무렵에는 어기적어기적 걸어서 마을에 도착할 수 있었다. 그들이 돌아오자 홍록관의 사랑방으로 마을 사람이 모여들었다. 모두 홍록관과 김우용이 관찰사를 만나고 돌아온 결과가 어떤지 궁금해하는 눈빛이었다.

"고생들 하셨습니다. 관찰사가 뭐라고 합니까?"

주민들이 홍록관과 김우용을 둘러싸고 물었다. 김우용은 눈을 내리깔고 대답을 하지 않았다. 해가 기울면서 눈보라는 더욱 사나워지고 있었다.

"관찰사도 마찬가지입니다. 오히려 관찰사는 우리가 폭도라고 했습니다."

홍록관이 김우용의 눈치를 살피면서 말했다.

"폭도라니? 우리가 무슨 폭도라는 말인가?"

홍록관의 말에 하루도 술을 마시지 않는 날이 없는 지학규가 언성을 높였다. 지학규는 오순이 가까운 홍록관보다 두 살 위였다.

"나라에서 하는 일을 우리가 방해하고 임금님께서 임명한 관리에게 무리를 지어 항의하는 것은 반역이라고 합니다."

"아니 그게 말이나 되는 소리야? 그래서 아무 말도 못하고 돌아왔단 말이야?"

"그래서 내가 젊은 사람들을 보내서는 안 된다고 했잖아? 관찰사한테 말 한마디 제대로 못하고 돌아왔지 않은가? 공연히 여비만 낭비했어."

최 참봉이 지학규의 말에 맞장구를 쳤다. 최 참봉은 가장 많은 땅을 갖고 있는 지주로 철도 부지에 그의 땅 대부분이 수용되어 속이 잔뜩 뒤틀려있었다.

"그게 아닙니다. 여기 영순이 아버지는……."

홍록관이 김우용이 곤장까지 맞았다는 말을 하려는데 그가 막

앉다.

"그만하십시오. 저희 능력이 못 미쳤습니다. 여러 어르신께 죄송하다는 말씀밖에 드릴 수가 없네요."

김우용이 마을 사람들에게 머리를 숙였다. 김우용이 낮은 목소리로 머리까지 숙이며 말하자 핏대를 세우던 사람들도 주춤했다.

"저는 피곤해서 이만 돌아가겠습니다."

김우용이 목례를 하고 자리에서 일어섰다. 그러자 '아니 뭐야? 그냥 가면 어떻게 해?' 하고 마을 사람들이 일제히 웅성거렸다. 그러나 김우용은 대꾸하지 않고 문을 열고 나갔다. 문을 열자 눈보라가 방으로 휘몰아쳐 들어오면서 냉기가 훅 끼쳤다. 문 옆에 앉아있던 이철구가 재빨리 방문을 닫았다.

"아니, 관찰사에게 단단히 따지겠다고 하더니 허탕을 치고 돌아와 뭐가 어째?"

사람들이 김우용을 삿대질하면서 비난했다.

"어르신들, 저희가 일처리를 잘못한 것이 아닙니다. 우리가 무슨 힘이 있습니까?"

"평양 사람들 다 죽는다고 하지 그랬어?"

"그 말을 안 한 줄 아십니까? 그놈들 눈도 깜빡 안 했습니다."

"그럼 이제 어쩔 거야? 우리 모두 쫓겨나야 한단 말이야?"

최 참봉이 담뱃대로 방바닥을 두들기면서 역정을 냈다.

"이렇게 물러설 수는 없습니다. 날이 밝으면 평양 외성 사람들의 뜻을 모두 모아 따지러 갑시다."

"옳소. 따지러 갑시다."

마을 사람들은 흥분하여 주먹을 휘둘렀다. 그러나 언제나 그렇 듯이 울분만 토하다가 흩어졌다. 일본군과 청나라군이 평양성에서 싸운 게 불과 10여 년 전이다. 마을 사람들은 대국이라고 생각했던 청나라가 일본에 대패하여 무수한 시체를 남기고 달아나는 것을 똑똑히 보았다. 팔다리가 잘리고 내장이 튀어나온 피투성이 청군 시체가 평양성 안팎으로 수두룩했다. 시체 묻는 데만 며칠이 걸렸다. 게다가 을미의병이 일어났을 때는 '삼광작전'을 벌여 모조리 불태우고, 모조리 죽이고, 모조리 약탈하는 만행을 저질렀다. 의병이 일어난 마을은 완전히 폐허가 되어 집 한 채 남아있지 않았다. 의병에 참여했던 사람들은 산으로 쫓기어 굶어죽고, 얼어죽고, 맞아죽었다. 미처 땅에 묻지 못한 시체가 곳곳에 널브러져 있었다. 마을 사람들이 일본인에게 저항하지 못하는 이유다. 김우용은 열여섯 어린 나이에 의병으로 나가 일본군과 싸웠다.

'순이 아범은 무슨 생각을 하고 있는 것일까?'

홍록관은 방을 나가는 김우용의 뒷모습에서 불길한 기운을 느꼈다. 곤장 몇 대 맞았다고 위축될 위인이 아니었다. 그러나 평양 감영에서 돌아오는 내내 말이 없었음을 생각하자 가슴에 무거운 바윗덩어리를 얹어놓은 것처럼 답답했다. 홍록관은 그날 밤 잠을 이룰 수 없었다. 밤새 그치지 않고 눈보라가 퍼부었다. 바람소리 때문이었을까. 잠자리가 어수선하여 밤새 뒤척이다가 새벽녘에 잠깐 잠이 들었다. 누군가 부르는 소리에 눈을 뜨자 흰옷을 단정하게 입은 김우용이 문 앞에 우두커니 서있었다.

"자네 웬일인가?"

홍록관이 놀라서 물었다.

"인사 드리러 왔습니다."

김우용이 입도 열지 않고 말했다. 그 소리는 마치 땅속 깊은 곳에서 들려오는 소리 같았다.

"인사라니? 어디 먼 곳이라도 가는가?"

김우용은 대답도 하지 않고 홀연히 사라졌다. 홍록관이 김우용을 부르다가 퍼뜩 눈을 떴다. 사방이 캄캄했다. 홍록관은 머리맡이 서늘하여 누운 채 우두커니 천장을 바라보았다. 날이 채 밝기도 전이었다. 갑자기 밖이 소란스러워졌다. 홍록관이 서둘러 옷을 입고 밖으로 나오자 마을 사람들이 모여서 웅성거리고 있었다.

"무슨 일입니까?"

홍록관은 불길한 예감이 뒤통수를 엄습하는 것을 느끼면서 마을 사람들을 돌아보았다.

"우용이가 죽었네."

최 참봉이 몸을 부르르 떨면서 대답했다. 밤새 눈보라가 몰아쳤는지 사방이 온통 흰 눈으로 덮여있었다.

"예? 김우용이 죽었다는 게 무슨 말입니까?"

"철로에서 화륜거가 달려오는데도 두 팔을 벌리고 서있었다네. 마치 화륜거가 달리지 못하게 막는 듯 말일세."

최 참봉이 침통한 표정으로 말했다. 아아, 그래서 김우용의 영혼이 작별하러 나를 찾아온 것인가. 하얀 옷을 입고 문 앞에 나타났던 김우용의 모습이 떠오르자 홍록관은 왈칵 눈물이 쏟아졌다.

"어디 있습니까?"

"철로에 있네."

홍록관은 마을 사람들과 함께 철로를 향해 달리기 시작했다. 날은 이제 겨우 부옇게 밝아오고 있었으나 보이는 거라곤 온 천지에 새하얀 눈뿐이었다.

'어리석은 놈, 저 혼자서 무슨 수로 화륜거를 막아?'

홍록관은 자신도 모르게 눈물이 주르르 흘러내렸다. 철로에는 이미 사람들이 몰려나왔다. 김우용의 부인은 땅바닥에 주저앉아 통곡하고, 딸도 울음을 터트리고 있었다. 시신은 가마니로 덮여있었다. 그 밑으로 피가 흥건하게 흘러내렸다.

'이렇게 죽을 바에야 왜놈 한 놈이라도 죽이고 가지. 어쩌자고 개죽음을 자초한 것인가?'

홍록관은 눈앞의 일이 믿어지지 않았다.

참혹한 죽음이었다. 용천방 사람들은 분개했다. 홍록관은 시신을 수습하여 김우용의 집으로 돌아왔다. 넋이 빠져 울고만 있는 김우용의 처를 달래 장례 치를 준비를 했다. 일본 철도회사에서 나온 사람과 순검은 김우용 때문에 철로 운행에 지장을 받았다고 역정을 냈다.

"사람이 죽었는데, 너희들은 철로밖에 보이지 않느냐?"

홍록관이 눈에 핏발을 세우고 일본인에게 달려들었다. 일본인은 혼비백산하여 달아났다. 김우용의 장례에는 수많은 평양 외성 사람들이 찾아왔다. 누가 부르지도 않았는데 하나 둘씩 모여들기 시작하여 순식간에 수천 명이 운집했다. 그들은 상여와 만장을 앞세우고 평양 감영으로 몰려갔다.

"우리 아버지를 살려내라."

김우용의 딸 영순이가 상여 앞에 서서 소리를 질렀다. 수천 명의 군중이 상여를 앞세우고 몰려오자 감영은 당황했다.

"누가 네 아비를 죽였느냐?"

관찰사가 영순이를 쏘아보면서 소리 질렀다. 그때 일본군이 달려와 관찰사 뒤에 도열했다.

"너희들이 우리 땅을 강제로 빼앗았으니, 너희들이 죽인 것이다."

"해산하라. 해산하지 않으면 무력으로 진압한다."

평안남도 관찰사는 일본군을 동원하여 주민에게 발포했다. 주민은 돌을 던지면서 맞섰다. 그러나 돌멩이가 총을 당할 수는 없었다. 주민들은 관청을 부수고 일본군과 육박전을 벌였으나 사상자가 수백 명 발생했다.

경의선은 서울의 용산과 평안북도 신의주 사이에 부설된 철도로 용산에서 시작하여 개성, 평양을 지나 신안주를 거쳐 신의주에 이르는 관서 지방을 관통하는 철도다. 신의주에서 압록강 철교를 건너 만주와 연결해 일본이 대륙 침략을 목적으로 건설한 것이었다.

1896년 7월, 친러파 대신과 러시아 공사 베베르의 적극적인 후원에 힘입어 프랑스 회사 피브릴르Fives Lile가 경의선 철도 부설권을 따냈다. 그러나 피브릴르는 철도를 건설할 만한 자본이 없어서 대한제국이 철도 부설권을 다시 환수했다. 이때 독립협회를 중심으로 조선의 지식인 사이에서 나라의 혈맥과도 같은 철도를 자력으로 건설하여 외국에 이권을 넘겨주지 않아야 한다는 '자강 운동'이 일어났다. 철도 건설이 활발해지면서 국내에도 철도회사가 우후죽순으로 설립되었다. 이 가운데 박기종은 마산에서 삼랑진을 운행하는 철도를 건설하려 했으나, 자금 부족과 일본의 방해로 포기한다. 대신 경의선 부설권을 따내는 데 총력을 기울여 대한철도회사를 설립한다. 대한제국 정부는 1899년 7월 8일 박기종이 주도하는 대한철도회사에 부설권을 허가했다. 그러나 박기종 역시 자금이 부족하여 철도를 건설하지 못하자, 경의선을 궁내부에서 직접 건설하기로 한다.

1900년 9월 대한제국 정부는 내장원에 서북철도국을 설치하고 조병식을 총재에 임명했다. 조병식은 서울-개성 간 선로 측량에 착수했다. 문제는 대한제국 정부도 재정이 넉넉하지 않았다는 사실이다. 조병식은 서울과 개성 구간을 먼저 개통하고, 점진적으로 나머지 구간도 부설하려고 했다.

　러일전쟁이 발발하자 일본은 서울과 신의주 사이에 군용철도를 놓기 위해 임시 군용철도감부軍用鐵道監部를 설치하고, 철도대대를 상륙시켜 불법으로 경의선 부설에 착수한다. 결국 대한제국 정부는 1904년 3월 12일 일본의 강요에 못 이겨 50년 임대 조약을 맺고 일본에게 경의선 부설권을 내주고 만다. 경의선을 건설하는 동안 러일전쟁이 일어났기 때문에 일본은 군인과 군수물자를 수송하기 위해 철도 건설을 서둘렀다. 이 과정에서 가장 큰 피해를 본 사람들이 평양 외성 5개 방坊의 주민이었다.

　일본은 철도역과 일본군 주둔지를 확보하기 위해 평양 외성 5개 방의 광대한 땅을 대부분 강제로 수용했다. 평양 외성 주민은 격렬하게 항의했다. 땅을 되찾으려고 투쟁했으나 일본군의 총칼 앞에 힘없는 그들은 울면서 고향을 떠날 수밖에 없었다.

　철도 부설권을 강탈한 일본은 공사에 박차를 가했다. 그들은 철도를 건설하면서 대대적으로 광고를 내고 역부를 모집했다.

　　역부의 노임 1일 37냥 5전.
　　역부가 원하면 가족 생계비로 역부에게 125냥 선지급.
　　공사장은 평양 북쪽.
　　계약일부터 작업 개시일까지 왕복 운임 지급.
　　역부는 지게를 지참해야 함.

역부 50명 또는 100명을 모아 오는 사람에게는 1명 당 12냥,
또는 25냥 지급.
역부의 식사는 풍족하게 제공.
역부의 모집과 사역을 방해하는 자는 처벌.

일본 토건회사가 내건 광고였으나 기만이고 사기였다. 일본인의 흉계를 익히 알고 있었기에 아무도 역부 모집에 응하지 않았다. 그러자 일본은 강제로 역부를 동원하기 시작했다. 보상도 받지 못하고 땅을 수용당한 것도 부족하여 강제로 역부로 끌려가게 되었다. 역부 동원에 미온적인 군수는 일본군이 총칼로 위협하고 폭행했다. 조선인의 강제 동원은 군용철도감부가 전면에 나서고 병참사령부도 가세했다.

황해도 봉산군에는 매일같이 2100명의 역부가 동원되어 농사조차 지을 수 없는 상황이 발생했다. 그들에게는 전쟁 중이라 1냥에서 2냥의 일당을 지급한다고 했으나 거짓이었다. 때문에 집집마다 빚을 내어 역부로 나가는 형편이었다. 역부 일을 해도 차비와 식비 같은 기본적 비용이 필요한데, 일본은 최소한의 비용조차 지급하지 않았던 것이다.

경의선이 지나가는 평안남도와 북도도 마찬가지였다. 대부분의 군郡이 수백 명의 역부를 징발해 철도 건설 현장에 투입했다. 멀리 함경도와 강원도, 경상도에서도 역부를 동원했다. 경상남도

기장에서는 수백 명이 2000리나 떨어진 신의주 인근까지 끌려와 역부로 동원되었다. 그러나 이들에게도 노임은 물론 식비와 운임조차 지급되지 않았다. 그 바람에 수백 냥의 빚을 진 사람들이 딸을 팔고 부인을 빼앗기는 일도 빈발했다. 뿐만 아니라 철도 현장에서 중노동을 견디지 못하고 죽는 사람도 많았다.

이 와중에 친일 매국노 송병준은 러일전쟁이 일어나자 적극적으로 친일 활동에 나선다. 그는 조선을 위해 러시아와 싸우는 일본에 무한한 신뢰와 감사를 표시하기 위해 황해도와 함경도의 일진회 회원이 무상으로 건설 현장에서 일하고, 아울러 함경도 회원은 군수품을 적극적으로 운반해주겠다고 일본군 사령관에게 편지를 보냈다.

"각하의 충심에 깊은 감사를 드립니다."

일본군 사령관은 송병준의 제안을 환영했다. 송병준의 매국 활동으로 함경도의 수많은 장정이 역부로 끌려가고 일본의 군수품 운반에 동원되었다. 러일전쟁은 일본의 승리로 끝났으나, 국력이 피폐해질 정도로 많은 희생이 따랐다. 특히 러일전쟁의 고비였던 봉천 전투에서만 수만에 달하는 일본군이 전사했다. 러일전쟁 내내 엄청난 수의 일본군이 투입되었고, 상상을 초월할 정도로 많은 군수물자가 동원되었다. 일진회는 이 군수물자를 나르는 데 조선인을 강제로 동원한 것이다.

일본인은 조선인 역부를 노예 취급했다. 조선인 노동자가 태만

하다는 이유를 들어 몽둥이로 때리고 구둣발로 짓밟았다. 1904년 10월 곽산에서는 조장년과 조장수가 일본인 감독에게 맞아죽었고, 11월에는 정주에서 김영록이 피살되었다. 조선인 역부는 이러한 중노동에 시달리면서도 최저 생계비에도 못 미치는 노임을 받았다. 그나마도 제때 지급받지 못해, 1906년 한파가 몰아쳐 수없는 사람이 얼어죽었는데 그 가운데 절반이 굶주린 철도 역부였다.

경의선은 1906년 3월 25일 수십 명의 목숨을 앗아간 청천강 철교가 준공됨으로써 서울에서 신의주까지 열차가 운행되었다.

"철도를 방해하는 자, 사형에 처한다"

경원선

캄캄한 어둠 속이었다. 수레에 매달았다 해도 바윗돌을 움직이는 게 여간 어려운 일이 아니었다. 조수근은 이마에 땀을 뻘뻘 흘리면서 말고삐를 힘껏 잡아당겼다. 정순일도 젖 먹던 힘까지 다하여 말고삐를 당기고 있었다. 두 마리의 말이 끌어당기자 거대한 바위가 조금씩 움직이기 시작했다.

"이러다가 해 뜰 때까지 갖다놓을 수 있을지 모르겠네."

정순일이 땀내를 풍기면서 말했다.

"조금만 더 힘을 내면 할 수 있어."

조수근은 주먹으로 이마의 땀을 훔치면서 정순일을 쳐다보았다. 그는 두려워하고 있었다.

"놈들이 지키고 있는 것은 아닐까?"

"왜 놈들이 우리가 오는 줄 어떻게 알고 지켜? 말 타고 돌아가면 그만이라구."

조수근은 정순일을 공연히 끌어들인 게 아닌가 하는 생각을 하면서 걸음을 멈췄다. 그러나 일본인에게 반드시 복수를 해야 했다.

"땀 좀 식힐까?"

정순일이 걸음이 떨어지지 않는지 낮은 목소리로 물었다.

"그래."

조수근은 정순일과 함께 길섶에 주저앉았다. 무거운 바윗돌을 끌어당기느라 지친 말도 쉬어야 했다. 이제 산모퉁이만 돌아가면 철원역에서 가까운 신탄리에 이른다. 신탄리를 지나 경원선 철로에 바위를 내려놓을 작정이었다.

"철도 때문에 마을이 쑥밭이 되었으니 어떻게 살지?"

"차라리 간도로 떠날까? 사람들이 모두 간도로 가고 있대."

"간도라……."

"간도는 신천지라 일본인이 없다는구만."

조수근은 정순일의 말에 한숨을 내쉬었다. 일본군이 우마를 징발하여 마을마다 소와 말이 씨가 마를 지경이었다. 조수근은 정순일과 함께 말을 끌고 산으로 달아나는 바람에 징발을 당하지 않았다. 그래도 언제 일본군에게 말을 빼앗길지 알 수 없어 전전긍긍이었다. 벌써 10년 전 일이다. 일본군은 우마를 징발하는 데 그치지 않고 우마에게 먹일 건초까지 대게 했다. 건초 10관에 40전을 지급하겠다고 했으나 공수표였다.

'철도는 조선인의 원수야.'

조수근은 어둠에 둘러싸인 철원 쪽을 바라보면서 생각에 잠겼다. 10년 전 곡산에 살 때도 역부로 동원되어 온갖 고생을 했는데, 철원으로 이사 와서도 역부에 동원되자 기가 막혔다.

"곡산에서 역부 1000명을 차출하여 남천정으로 보내라."

1904년 8월 2일 평산군에서 철도 공사를 맡은 일본 철도회사 아가와구미에서 일하던 일본인이 곡산 군수를 찾아와서 말했다.

"1000명이라고요? 우리 군의 장정이 얼마나 된다고 1000명을 차출하라는 얘깁니까?"

곡산 군수는 경악하여 거절했다.

"왜 1000명을 차출하지 못하는가?"

"곡산군은 작아서 노인까지 동원해도 1000명이 안 됩니다."

곡산군은 통역을 통해 군의 장정이 부족하기 때문에 일본인이 요구하는 장정수의 절반도 채울 수 없다고 말했다. 일본인은 통역과 무엇인가 오랫동안 이야기를 했다. 일진회 회원이었던 통역은 자신이 일본인을 설득하여 역부 숫자를 줄여주겠다고 거드름을 피웠다.

"그렇게만 해주시면 고맙지요."

곡산군 관리는 통역에게 굽실거렸다.

"곡산군은 장정 500명을 역부로 차출하시오."

곡산 군수는 일본인과 통역에게 사례하고 각 면에 차출할 장정수를 배정했다. 운중면은 100명이 배정되었다.

"우리 면에 100명이나 배정하다니 너무 많지 않소? 관찰사의 공함公函을 봅시다."

운중면 초평리에 사는 최성국이 장정을 끌고 와서 항의했다. 그런데 군수가 내민 공함은 일본 회사 아가와구미의 것이었다.

"이는 일본 회사 것이지, 우리 관찰사의 것이 아니다."

최성국이 공함을 살피고 말했다.

"그것이 무슨 소리인가?"

"우리는 대한제국 사람입니다. 관찰사의 훈칙이 없는 공함은 따를 수 없습니다."

최성국은 군수에게 당당하게 말했다. 군수가 통역을 통해 일본인에게 관찰사의 훈칙이 없으니, 장정을 차출할 수 없다고 말했다. 일본인은 고개를 끄덕거리며 수긍하는 눈치였으나 오히려 통역이 펄펄 뛰었다.

"내가 500명으로 줄여주었는데, 훈칙이 없다고 거절해? 당신들 나를 우롱하는 거야."

통역이 눈에 핏발을 세우고 군수와 관리에게 호통을 쳤다.

"저놈은 매국노일 거야. 감히 군수님에게 호통을 쳐?"

"저런 놈은 때려죽여야 돼."

통역의 무례한 태도를 지켜보던 장정들이 분개하여 술렁였다. 동태가 심상치 않자 얼굴이 새파랗게 질린 통역은 일본인을 데리고 돌아갔다. 며칠 뒤 일본인은 다시 관찰부의 훈령을 가지고 곡산군에 들이닥쳤다.

"관찰부의 훈령이다. 너희가 원하는 훈령을 가지고 왔으니 역부 800명을 차출하라."

일본인은 전과 달리 살벌하게 말했다. 곡산군은 할 수 없이 각 면에 역부를 배정했다. 역부 동원 숫자가 배정되자 각 면은 물 끓듯 했다. 관찰사의 훈령은 나라의 명령이다. 곡산군 북면은 민심이 어수선했음에도 200명의 장정을 선발하여 역부로 보내겠다고 군에 통고했다. 군에서는 역부를 인솔하기 위해 순교巡校(조선 후기 각 부部와 제주목濟州牧에 두었던 하급 경리)를 파견했다. 그러나 때는 1904년 음력 8월 15일, 추석이었다. 집집마다 차례 지내고 성묘하느라 아무도 모이지 않았다.

"추석이라 장정들이 나오지 않았습니다."

순교가 군청에 돌아와 군수에게 보고했다.

"추석이니 당연하지. 명절인데 누가 부역을 가려고 하겠나. 내일 다시 가게."

순교는 이튿날 아침 다시 북면으로 갔다. 마을에 접어드니 이미 장정 200명이 모여있었다. 행색은 각양각색이었다. 양반도 있고, 천민도 있었다. 갓을 쓰고 도포를 입었는가 하면, 머리에 베수건 하나 달랑 동여매고 짚신을 신은 이도 있었다. 그들이 곡산군 군아에 도착했을 때 남삼면 장정 수백 명이 나타났다.

"철도를 방해하는 자, 사형에 처한다" 69

"북면은 철도 공사 부역을 나가지 마시오."

남삼면의 최자범이 북면 장정을 가로막으면서 소리 질렀다.

"무슨 말이오? 관찰부의 훈령인데, 부역을 나가지 않으면 어찌하란 말이오?"

북면의 최성국이 어리둥절하여 최자범에게 물었다. 평산으로 역부 일을 나가려던 북면 장정들이 일제히 수런댔다.

"이게 모두 통역을 하는 간신배의 농간이오. 800명 장정이 부역을 나가면 우리 군이 온전하겠소?"

"우리 군이 어찌된다는 거요?"

김사온이 거들었다.

"추수할 장정이 없어서 폐농하게 될 것이오. 곡식이 누렇게 익었는데 이를 썩게 두면, 우리는 무얼 먹고 산다는 말이오? 그러니 부역을 거부해야 하오."

최자범과 김사온의 말에 북면 사람들이 동요했다.

"옳은 말이기는 하지만, 관찰사의 훈령이 내렸는데 거부하면 무사하겠소?"

"지난번에는 500명이라고 했는데 갑자기 800명을 동원하라는 것은 무엇 때문이겠소? 저 간신배 같은 통역 놈 때문이 아니겠소?"

김사온의 말에 통역의 낯은 사색이 되었다. 남삼면 사람들이 김사온의 말에 맞장구를 쳤다.

"맞소. 우리가 저놈을 때려죽입시다."

남삼면 장정의 기세가 거칠어졌다. 통역은 당황하여 어찌할 줄 몰랐다. 그래서 그 자리를 모면할 생각에 모함을 하기 시작했다.

"조선인이 난동을 일으켜 당신들을 죽이려고 합니다."

통역이 일본인에게 말했다. 통역은 일본인의 위세를 빌려 남삼면 장정들의 사나운 기세를 억누르려 했다.

"칙쇼!"

그러나 그의 모함 때문에 일본인이 흥분하여 한꺼번에 칼을 뽑아들었다. 그러잖아도 말을 알아듣지는 못했으나 조선인의 동태가 심상치 않다고 느끼던 중이었다. 통역의 모함은 일본인에게 불을 지른 것이나 매한가지였다. 장내는 갑자기 팽팽한 긴장감이 흐르고 살벌해졌다.

"왜놈들이 우리를 죽이려 한다."

산양리 김기묵이 소리를 지르면서 곁에 있던 몽둥이를 집어들었다. 그러나 일본인이 더 빨랐다. 닥치는 대로 일본도를 휘둘러 그 자리에서 김기묵을 살해하고 조선인 13명을 베었다.

"왜놈이 사람을 죽인다!"

장정들은 돌을 주워 던지며 몽둥이를 찾아들고 맞섰다. 칼을 들었으나 일본인은 10명이 채 안 되었다. 닥치는 대로 칼을 휘둘렀지만 수백 명과 맞서기는 역부족이었다. 일본인은 일제히 달아나기 시작했다.

"왜놈을 죽여라!"

흥분한 조선인이 쫓아가 통역과 일본인 7명을 죽였다. 곡산군은 벌집을 쑤신 것처럼 들끓었다. 그 다음 날이 되자 대부분이 집으로 돌아가고 50명밖에 남지 않았다. 그러자 곡산군 이교吏校(조선 시대 서리와 하급 장교를 이르는 말)가 최자범과 김경노를 유인하여 구속하고 황해도 관찰사에 보고했다.

일주일 후 일본군 1개 소대와 헌병 3명이 곡산군에 들이닥쳤다. 그들은 총 한 자루 없는 곡산군 장정들을 보이는 족족 진압하고 수십 명을 체포하여 그중 21명을 경성으로 압송했다.

일본군은 살기등등한 기세로 곡산군에 주둔하면서 학살과 약탈을 일삼았다. 곡산군 주민은 핍박을 견디다 못해 뿔뿔이 흩어졌다. 주민이 달아나는 바람에 수확을 하지 못한 곡산군의 벼는 논에서 썩어갔다. 읍내 상가도 문을 닫았다. 거리는 인적이 끊어져 나뭇잎과 흙먼지만 바람에 날렸다.

일본군은 가혹하게 보복했다. 곡산군에서만 6000명의 장정을 동원하라는 영을 내려 그나마 남아있던 주민마저 달아나게 했다. 결국 곡산군은 폐허가 되었다.

조수근은 당시 곡산군에서 달아나 철원으로 왔다. 그러나 철원에서도 경원선이 부설되기 시작해 또다시 역부로 동원되지 않으면 안 되었다. 조수근은 탄식했다.

'철원까지 도망을 쳤는데, 또 역부로 동원되다니……. 조선인은 갈 곳이 없구나.'

1910년 8월 29일 한일병탄이 이루어졌다. 조선인은 피눈물을 흘렸으나 일본인은 환호했다. 조수근은 경원선 부설 공사에서 검불랑 제2터널 뚫는 일을 했다. 터널을 뚫는 것은 위험한 공사였다. 일본은 군대를 주둔시켜 권총으로 위협하고 곤봉으로 때려가면서 중노동을 시켰다. 돌을 캐고 흙을 퍼 나르다가 천장이 무너져 죽은 사람도 적지 않았다.

　경원선은 서울의 용산에서 함경남도 원산을 오가는 철도다. 1914년 9월 6일에 공사가 모두 끝나 개통되었다. 경인선과 함께 국토를 가로지르는 간선 철도로, 함경선과 이어져 두만강 연안에 이르고, 국경을 지나면 대륙 철도로 연결된다.

　프랑스, 독일, 일본은 경원선 부설권을 따내기 위해 치열하게 경합했다. 대한제국 정부는 철도 건설을 외국에 허락하지 않는다는 방침을 내세워 불허하고 직접 건설하기로 했다. 그러나 자금이 부족하여 선로 측량만 하고 건설에 착수하지 못하는 상황이었다. 일본은 러일전쟁을 효과적으로 수행하기 위해 경의선과 함께 경원선을 건설하기로 결정했다. 1904년 6월 29일부터 일본은 경성과 원산 사이 철도 부설 노선을 답사하고, 1910년 10월 15일 용산에서 기공식을 거행했다. 1911년 10월 원산 쪽에서도 공사가 시작되었다. 그리고 1914년 8월 14일 마침내 용산-원산 간 철로가 모두 개통되었다.

　조수근은 철로가 완성되어 기차가 달리는 모습을 볼 때마다 가슴이 타들어가는 것 같았다. 저 기차가 달리는 철길을 만들기 위해 얼마나 많은 피와 땀을 흘렸는가. 터널을 뚫을 때뿐만이 아니었다. 철로를 만들다 일본인에게 매 맞아 죽은 이도 적지 않았다. 경술국치로 나라가 일본에 병탄되자 의병은 철로를 공격했다. 일본군은 조선인처럼 옷을 입고 철도 공사를 해야 했다. 온갖 우여곡절 끝에 철도가 완공되어 기차가 다니자, 일본인은 이 기차를 타고 여행을 다녔다.

'네놈들이 편하게 기차를 타고 여행을 하게 할 순 없어.'

조수근은 기차가 내달리는 모습을 보고 치밀어오르는 분노를 참을 수 없어서 철도를 파괴할 계획을 세운 것이다.

"기차가 이 바위를 발견해서 멈춰버리면 어떻게 하지?"

정순일이 허리를 펴면서 말했다. 조수근은 정순일과 함께 마침내 바위를 끌어다가 철로에 얹어놓는 데 성공했다.

"저기서부터는 내리막이야. 바위를 발견하고 서려고 해도 여기까지 그냥 내달릴 수밖에 없어."

조수근이 언덕 쪽을 가리키면서 말했다. 경원선은 험준한 강원도 산악 지역을 관통하기 때문에 오르막이 많았다. 터널 공사는 어려웠기에 산이 높으면 산굽이를 돌고 오르막이 있어도 바로 질러 터널을 뚫지 않았다. 검불랑에는 두 개의 터널이 있었다. 터널을 지나면 내리막길이 시작되므로 바위를 발견하고 기관사가 정차하려고 해도 달리는 속도 때문에 바위와 충돌하게 된다.

"빨리 가지요."

정순일이 불안한 표정으로 말했다.

"그래."

조수근은 말과 수레를 끌고 철로에서 벗어나 농로로 들어섰다. 500보쯤 서둘러 걸은 뒤 수레를 버리고, 말만 끌고 산으로 달려 올라갔다. 날은 아직 밝지 않았다. 상수리나무 그늘에 앉아서 철길을 응시했다. 기차가 오려면 얼마나 걸릴까. 기차는 터널을 지날 때마다 기적을 울린다. 기적 소리로 기차가 오는 것을 알 수 있다.

"우리 철원으로 돌아가면, 간도로 떠나세."

조수근이 담배를 피우면서 말했다.

"예. 간도나 연해주로 갑시다."

정순일도 고개를 끄덕거리고 담배를 피워 물었다.

뽀옥!

멀리서 기적 소리가 들려오기 시작했다.

"온다!"

조수근과 정순일은 바짝 긴장했다. 터널로 진입하는지 기차가 몇 번이나 기적 소리를 울리는 바람에 산이 다 우는 것 같았다. 조수근은 눈도 깜빡이지 않고 철로를 응시했다.

뽀오옥!

기적 소리와 함께 덜컹대는 굉음이 들리고 기차의 모습이 드러났다. 어둠 속에서 검은 연기를 내뿜으면서 달려오고 있었다.

"형님!"

정순일이 긴장하여 조수근을 쳐다보았다. 조수근은 손에서 진땀이 배어나는 것을 느끼면서 고개를 끄덕거렸다. 조수근은 속으로 하나…… 둘…… 셋…… 하고 세었다. 그가 일곱까지 세었을 때 '끼익' 하는 굉음이 들려오면서 기차는 급정거했다. 그러나 미처 속도를 줄이지 못해 바위와 부딪치면서 중간이 튕겨나갔다. 이어 요란한 소리와 함께 기차가 옆으로 쓰러졌다.

"만세!"

조수근이 자신도 모르게 두 손을 번쩍 들었다. 기차가 쓰러진 곳에서 사람들 비명 소리와 날카로운 호각 소리, 누군가에게 욕설을 퍼붓는 듯한 일본말이 잇따라 들려왔다. 기차는 일본군을 가득 태우고 원산에서 경성으로 향하던 수송 열차였다.

"가세."

조수근은 정순일을 재촉하여 말을 끌고 산에 오르기 시작했다.

경인선, 경부선, 경의선, 경원선이 일본인에 의해 부설되면서 조선인의 피해는 극심했다. 그러나 일본인의 핍박이 거세지면서 조선인도 서서히 저항하기 시작했다. 그들은 철도를 일본의 착취 수단으로 보았다. 철도가 원활하게 운행되지 못하도록 조직적으로 방해했다. 레일 위에 바위를 놓아 기차가 탈선하게 만들고, 역사驛舍를 공격했다.

"철도를 방해하는 자는 사형에 처한다."

일본은 곳곳에 군대를 주둔시키면서 조선인의 철도 파괴를 감시했다. 그러나 전신용 전봇대를 베거나 전선을 절단하고, 철도를 파괴하는 일을 멈추지 않았다. 일본은 이들을 현장에서 사살하거나 체포하면 사형에 처했다. 1905년을 전후로 철도를 파괴했다는 죄목으로 사형 당한 조선인이 공식적으로 35명이나 될 정도로 조선인의 뜨거운 항일 투쟁은 계속되었다.

제2부

꽃구름 속에
낭만을 싣고

일본은 조선을 식민화하고 대륙으로 진출하려 철도를 건설했다.
철도는 역부로 끌려가고, 토지를 강탈당한
수많은 사람의 피와 눈물로 건설되었다.
그러나 철도는 짧은 시간에 조선인의 의식 세계를 바꾸었다.
단발령에 격렬하게 저항하던 이들이
스스로 머리를 깎고 양복을 입고 커피를 마시며
서양 문명에 관심을 기울이게 되었다.
신학문을 배우려는 젊은이는
경부선을 타고 부산으로 가서 현해탄을 건넜다.
기차는 전장으로 병사와 전쟁 물자를 실어나르는 암흑 속의 질주였지만
근대화를 향한, 꽃구름을 찾아가는 질주이기도 했다.

조선은
임자 없는 고깃덩어리

한국의 철도는 우리 근·현대사와 질곡을 같이한다. 1876년 군함을 앞세운 일본이 강화도에 상륙하여 병자수호조규를 체결하면서 조선은 개항을 한다. 이후 일본은 갑신정변에 개입하고 동학농민운동이 발발하자 대규모 병력을 파견해 농민군을 학살하고 청일전쟁을 일으킨다. 조선은 일본군 상륙으로 전쟁터로 돌변했다. 청일전쟁이 끝나자 그들은 조선에서 각종 이권을 강탈하려고 혈안이 되었다. 프랑스, 영국, 러시아, 미국 등 서구 열강과 함께 조선이라는 고깃덩이를 삼키기 위해 달려들었다. 군대를 주둔시키면서 내정에 간섭했다. 결국 일본은 명성황후를 시해하고 철도 부설권을 따냈다.

조선의 근대화는 일본의 식민지 정책과 서양 선교사에 의한 계몽운동, 조선의 지식인과 선각자에 의한 자강 운동으로 이루어지기 시작한다. 서양 선교사는 선교, 교육, 의료 활동 등을 통해 조선인을 개화시킨다. 조선인이 학교에 다니면서 자연스럽게 서양 문물을 받아들이기 시작한 것이다. 당시 조선의 많은 지식인이 서양 선교사에게서 신학문을 배웠다.

조선은 누란의 위기에 빠져있었다. 서구 열강이 산업혁명의 여파로 근대화를 추진할 때 조선은 쇄국의 깃발을 내걸었다. 선진 문물을 경험한 적 없는 조선은 프랑스와 미국 함대를 보고 경악했다. 그러나 조선의 지배층은 근대화에 대해서 전혀 이해하지 못하고 수십 년을 흘려보냈다. 일본이 수십 명씩 유럽과 미국에 유학 보내 진보한 문명을 흡수하고, 이를 바탕으로 급속히 산업화를 이룰 동안 조선은 우물 안에 안주했다.

근대화된 일본군의 등장은 조선에 새로운 변화를 모색하는 계기가 되었다. 미국을 비롯하여 서구 열강에 문호를 개방하면서 근대화를 추진했다. 1895년 갑오경장으로 조선은 급격한 변화를 맞이하게 되었다. 전통적인 지주와 양반이 몰락하고 중인과 천민이 개혁 세력으로 떠올랐다. 전신·전화가 개통되고 전기가 들어왔다. 궁정에서도 노서아가비(커피)를 마시는가 하면, 독립협회를 중심으로 자강 운동도 일어났다. 공립학교가 세워지고 여성도 교육 받게 되었다.

그러나 불행히도 이러한 근대화가 본격적으로 이루어지기도 전에 조선은 열강의 각축장이 되고 말았다. 일본은 조선에서 이권을 강탈할 속셈으로 청나라의 속국에서 벗어날 것을 주장했고, 이로 인해 청일전쟁이 일어났다. 청나라가 패하여 조선에서 철수하자 조선은 일본의 군홧발 아래 놓이게 되었다. 조선은 일부 개화당과 일본의 주장을 받아들여 1897년 국호를 대한제국으로 바꾸고 칭제건원을 실시했다.

청일전쟁에서 승리한 일본은 조선에서 강압적으로 무력을 행사했다. 일본은 메이지유신 이후 근대화에 앞장서며 공장·학교·병원을 세우고, 출판·교육·언론을 발전시켜 새로운 일본을 만들어가는 한편, 조선과 대륙으로 진출할 야심을 불태웠다. 서구 열강은 아프리카, 인도, 동아시아의 각 나라를 침략하여 보호국 또는 식민지로 만드는 팽창 정책을 실시했다. 일본도 조선을 보호국 또는 식민지로 만들기 위해 기를 썼다.

> 조선은 임자 없는 고깃덩어리와 같다. 누가 먼저 이 고깃덩어리를 차지하느냐가 중요하다.

일본은 대한제국을 두고 러시아와 치열한 경합을 벌였다. 삼국간섭으로 청일전쟁의 전리품을 고스란히 돌려줘야 했던 일본은 다시 러시아와의 일전을 준비했다. 10년에 걸쳐 전쟁을 준비하면서 그들은 조선에 철도를 부설하기 시작했다. 일본군이 조선에 상륙하면 이들을 대륙으로 수송할 교통수단이 필요했다. 특히 경부선과 경의선은 중요한 병참 운송 수단이었다. 마침내 1904년에 발발한 러일전쟁에서 일본은 대담한 작전과 허를 찌르는 기습 공격으로 러시아를 격파했다. 유일하게 일본을 견제하던 러시아가 전쟁에서 패하면서 일본은 조선을 식민지로 삼겠다는 야욕을 거침없이 드러낸다.

혹자는 일본의 식민 통치가 한국의 발전에 어느 정도 도움이 되지 않았느냐고 말한다. 그러나 1890년대부터 대한제국은 근대화를 서두르던 터였다. 학교 설립 등 교육 개혁과 신문 창간이 이어지고, 장사와 공업 활동이 자유로워졌다. 이는 일본이 아니라 선교사의 공로였다. 일본이 아니더라도 우리는 자력으로 근대화를 할 수 있었다.

1905년 을사늑약이 강제로 체결되었다. 이토 히로부미의 책략으로 외교권을 박탈당하고 주권을 빼앗겼다. 민영환은 우국충정으로 자결했으나, 이완용 등 을사오적은 일왕으로부터 막대한 하사금을 받아 챙겼다.

> 아, 4000년의 강토와 500년의 사직을 남에게 들어 바치고, 2000만 생령들로 하여금 남의 노예 되게 하였으니, 저 개돼지보다 못한 외무대신 박제순과 각 대신들이야 깊이 꾸짖을 것도 없다. 하지만 명색이 참정대신이란 자는 정부의 수석임에도 단지 부否자로써 책임을 면하여 이름거리나 장만하려 했

더라 말이냐. 김청음金清陰처럼 통곡하여 문서를 찢지도 못했고, 정동계鄭桐溪처럼 배를 가르지도 못해 그저 살아남고자 했으니 그 무슨 면목으로 강경하신 황제 폐하를 뵈올 것이며, 그 무슨 면목으로 2000만 동포와 얼굴을 맞댈 것인가. 아! 원통한지고, 아! 분한지고. 우리 2000만 동포여, 노예 된 동포여! 살았는가, 죽었는가? 단군, 기자 이래 4000년 국민정신이 하룻밤 사이에 홀연 망하고 말 것인가. 원통하고 원통하다. 동포여! 동포여!

장지연은 〈황성신문〉에 이를 통렬히 비난했다. 수많은 애국지사가 대한문 앞으로 몰려와 을사늑약을 폐지하고 오적을 처단하라고 호소했다. 곳곳에서 도포 입고 갓 쓴 양반이 몰려나와 통곡했다. 고종이 머물던 경운궁 앞에는 군중이 몰려와 울부짖었다. 모두 하얀 옷을 입었고, 누군가 열변을 토하면서 일본과 을사조약을 규탄하면 일제히 박수를 쳤다. 신비롭기 짝이 없었다. 고색창연한 경운궁의 지붕에는 푸른 달빛이 쏟아져 기괴해 보이기까지 했다.

대한문 앞에는 흰옷을 입은 조선인이 구름처럼 모여들었다. 달빛이 푸르게 비추는 가운데 흰옷을 입은 조선인이 무릎을 꿇고 앉아 절을 하면서 통곡을 하는 모습은 외국인에게 신비하게 비쳤다.

프레더릭 매켄지가 쓴 《대한제국의 비극》(1908)의 한 대목이다. 이 책은 매켄지가 을사늑약에 반대하는 의병 투쟁과 일본의 학살을 직접 여행하면서 취재한 기록이다. 을사늑약이 체결되자 전국에서 의병이 일어났고, 일본군은 대대적인 토벌에 나섰다. 그들은 이천에서부터 제천까지 연도에 있는 농가마저 모두 초토화시킬 정도로 무자비한 토벌을 이어갔다.

대한제국은 조선통감부의 감독을 받게 되었다. 물론 이것으로 끝이 아니었다. 일본은 군대를 해산하고 사법권과 경찰권을 빼앗았다. 이준 열사는 을사늑약이 무효이며 조선은 여전히 독립국임을 세계 여러 나라에 알리기 위해 블라디보스토크를 거쳐 기차를 타고 네덜란드 헤이그까지 갔으나, 뜻을 이루지 못하고 분사憤死했다. 1909년 10월 26일 안중근 의사가 하얼빈에서 이토 히로부미를 저격하여 전 세계를 경악하게 했다. 일본의 침략에 맞선 의병 투쟁도 치열하게 전개되었다. 그러나 20세기 초 세계에서 가장 강력한 군대였던 일본군에 맞서기는 쉽지 않았다. 결국 1910년 8월 29일 일본은 대한제국을 병탄하여 일본에 귀속시켰다. 조선인은 창졸간에 나라 잃은 백성이 되었다. 이들 가운데 일부는 정든 고향을 버리고 만주와 연해주로 떠났다.

경부선이 개통되고, 한일병탄이 이루어지면서 일본인이 쏟아져 들어왔다. 1876년 개항 이후, 불과 20년 만에 20만 명이 넘는 일본인이 조선으로 이주했다. 일본인에게 조선은 일확천금의 땅이 되었다. 동양척식주식회사에서 손쉽게 토지를 불하받은 뒤 조선인에게 소작을 시켜 부를 축적했다.

철도역 주변으로 도시가 발달하고 상점이 늘어섰다. 조선인도 점점 서양화되기 시작했다. 머리를 깎고 양복을 입었다. 철로를 놓기 위해 수많은 장정이 끌려가 혹사를 당했으나 열차가 달리기 시작하면서 기적과 같은 변화가 일어났다. 많은 사람이 기차를 타고 여행을 하게 되었고, 어느 사이에 기차는 일상이 되었다. 경성은 임금이 사는 곳이었다. 시골 사는 사람은 대부분 태어나서 한번도 경성을 구경한 적이 없었다. 그러나 기차가 다니기 시작하면서 그들에게 기차 타고 경성을 구경하는 일이 하나의 유행처럼 되었다. 경성에는 서양식 건물이 들어서고 일본풍 상점이 즐비했다. 전차가 종로를 지나고 밤마다 네온사인은 화려한 빛을 발했다. 시골에서 기차를 타고 처음으로 경성에 올라온 사람은 입이 '쩍' 벌어지도록 놀라지 않을 수 없었다. 모두 철도가 개통되면서 일어난 변화였다.

청산에 묻힌 옥도
갈아야만 광채 나고

일본은 서양 문물을 받아들여 근대화를 이룩했다. 그들을 따라잡기 위해서는 서양 문물을 받아들여야 한다고 생각했다. 수많은 학교가 세워졌으나 좀 더 근대화된 교육을 받고 싶어했다. 일본은 조선보다 앞서있었다. 친일 매국노가 아니더라도 같은 동양 국가인 일본에게서 배우고 싶어했다. 그러나 일본은 조선을 망하게 만든 원수의 나라였다. 일본으로 유학을 떠나자니 친일파라는 오명을 쓸까 두려웠다. 그러나 선각자들은 그러한 인식을 무릅쓰고 유학을 떠났다. 그들 대부분은 경부선으로 부산까지 가서 관부연락선에 몸을 실었다. 경성역에서는 때때로 유학생을 송별하는 모습을 볼 수 있었다. 그럴 때면 학생들은 유학생의 장도를 축복하면서 노래를 불렀다.

학도야 학도야 청년 학도야

벽상 위에 괘종을 들어보아라

소년이로少年易老에 학난성學難成하니

일촌광음一寸光陰도 불가경不可輕일세

청산 속에 묻힌 옥도 갈아야만 광채 나고

낙락장송 큰 나무도 깎아야만 동량 되네

그럴 때면 어김없이 불리는 노래가 〈학도가〉였다. 이 노래는 원곡이 일본의 〈철도경계가〉였는데, 일본으로 유학 가는 학생을 전송하면서 불렀으니 아이러니라고 할 수밖에 없다.

1910년이 지나면서 조선은 일본의 식민지라는 사실을 어느 누구도 부정하지 못했다. 조선 청년은 희망이 없었다. 나라 없는 백성이었기 때문에 꿈이나 야망을 펼칠 방법도 없었다. 어느 정도 지식을 갖춘 청년은 조선이 멸망한 이유가 근대화를 이루지 못했기 때문임을 절실하게 깨달았다. 그들은 조선이 문명화되어야 하고 근대화되어야 독립할 수 있다고 생각했다.

차가 남대문에 닿았다. 아직 다 어둡지는 아니하였으나 사방에 반짝반짝 전기등이 켜졌다. 전차 소리, 인력거 소리, 이 모든 소리를 합한 '도회의 소리'와 넓은 플랫폼에 울리는 나막신 소리가 합하여 지금까지 고요한 자연 속에 있던 사람의 귀에는 퍽 소요하게 들린다. '도회의 소리?' 그러나 그것이 문명의 소리다. 그 소리가 요란할수록 그 나라는 잘된다. 수레바퀴 소리, 증기와 증기기관 소리, 쇠마차 소리…… 이러한 모든 소리가 합하여서 비로소 찬란한 문명을 낳는다. 실로 현대의 문명은 소리의 문명이다. 서울도 아직 소리가 부족하다. 종로나 남대문통에 서서 서로 말소리가 아니 들리리만큼 문명의 소리가 요란하여야 할 것이다.

이광수의 《무정》에 나오는 한 장면이다. 이광수는 기차 소리를 '문명의 소리'라고 했다. 다분히 계몽주의적인 이 소설은 조선이 잠에서 깨어나야 한다고 역설한다.

이광수는 파란만장한 삶을 살았다. 그는 1892년 2월 22일, 평안북도 정주군 갈산면에서 이종원과 그의 세 번째 부인 충주 김씨 사이에서 태어났다. 어릴 때는 고향의 서당에서 《대학》, 《중용》, 《맹자》, 《논어》 등을 배웠다. 1902년 부모가 호열자로 사망하자, 외가와 재당숙 집을 오가며 자랐다. 12세 때 동학에 입교하여 전주 박찬명 대령의 집에 기숙하며 서기 일을 보았다. 일본이 동학을 탄압하자 상경하여 천도교 일진회(송병준의 일진회와 다르다)에서 만든 학교에 들어가 일본어와 산술을 배우면서 신학문을 익히기 시작했다. 그는 일진회 추천으로 유학생에 선발되어 불과 나이 열넷에 일본으로 건너갔다. 이 무렵 조선의 많은 청년이 일본 유학길에 올랐다. 일본의 노골적인 조선 침략 야욕을 목도한 청년들은 원수의 나라로 유학을 갈 것인가 말 것인가 고뇌했다. 매국노라고 손가락질 받을 수도 있었기 때문이다. 그러나 이광수는 과감하게 일본행을 선택했다.

'나는 일본에 가서 반드시 문명을 배워올 것이다.'

소년 이광수는 비장하게 입술을 깨물었다. 경성에서 일본까지 가는 길은 상당한 시간이 소요됐다. 우선 경성에서 부산까지 대략 12시간이 걸렸다. 사정에 따라 11시간이 걸릴 때도 있고, 13시간이 걸리기도 했다. 남대문역(경성역)을 출발한 기차는 덜컹대면서 부산을 향해 빠르게 달렸다. 차창으로 산과 들이 번개처럼 지나가고 고개를 숙인 벼가 출렁이는 누런 들판이 내다보였다. 산은 노랗고 붉은 빛을 띠었다. 기차 안에는 승객이 가득했다. 일본인이 대부분이었으나 처음으로 기차를 타는 조선인도 있었다.

'옛날에는 부산까지 가려면 열흘이 더 걸렸다. 그런데 이제 하루도 안 걸려 부산에 도착한다. 이것이 문명이 아닌가?'

이광수는 기차야말로 대표적인 문명의 이기라고 생각했다. 그러나 차창으로 지나가는 조선의 풍경은 남루하기 짝이 없었다. 날이 저물어서야 부산에 도착했다.

두 사람이 부산 부두에 내린 때에는 여름의 긴 날도 저물었다. 낮에 날이 좋던 모양으로 밤도 좋았다. 바다로 불어오는 바람은 온종일 차중에서 부대끼던 허숭, 김갑진 두 사람에게는 소생하는 듯한 상쾌함을 주었다. 더구나 오륙도 위에 달린 여름의 보름달은 상쾌, 그 물건이었다. 두 사람은 짐을 들고 연락선으로 향하였다. 정거장에서 부두까지에는 일본으로 향하는 노동자가 떼를 지어 오락가락하였다. 머리를 깎은 이, 상투 있는 이, 갓 쓴 이조차 있었고, 부인들도 여기저기 보였다. 그중에는 방직 여공으로 가는 듯한 처녀들도 몇 떼가 있었다. 고무신을 신은 이, 게다를 신은 이, 운동 구두를 신은 이, 잘 맞지도 않고 입을 줄도 모르는 시마 유카다(일본 여름옷)를 입은 이, 도무지 형형색색이었다. 말씨도 내개는 경상도 사투리지마는, 길게 가냘프게 뽑는 호남 말도 들리고, 함경도 말, 평안도 말도 들리고, 이따금은 단어의 첫 음절과 센텐스의 끝 음절을 번쩍번쩍 드는 경기도 시골 사투리도 들렸다. 각 지방에서 모여든 모양이다.

이광수의 소설 《흙》에 나오는 장면이다. 경부선을 타고 부산에 도착하여 다시 관부연락선을 타고 일본으로 향하는 장면을 자신의 경험에 비추어 생생하게 묘사했다. 관부연락선도 생전 처음 타보는 것이었다. 바람이 잔잔해 배가 미끄러지듯이 망망대해로 나아갔다. 풍랑이 일면 배가 파선되어 물고기 밥이 될지도 모른다는 생각에 불안했다.

쿵쿵쿵쿵 하고 배는 진동하기 시작하였다. 쇠사슬 마찰되는 소리가 울려왔다. 가만히 앉아서도 배가 방향을 돌리는 것이 감각되었다. 여러 번 이 뱃길을 다녀본 듯한, 이들 중에는 개화꾼인 듯한 젊은 패 몇 사람이 일본 사람식으로 다리를 꼬고, 두 팔로 무릎을 짚고 앉아서 서투른 일본말로 떠드는 것만이 있고는 모두 고요하였다. 다른 사람들은 갑판에 올라가서 해풍을 쐰다든지, 또는 멀어가는 고향 산천을 바라본다든지 할 마음의 여유도 기운도 없는 것 같았다. 그저, '나를 어디나 편안히 살 곳으로 실어다주오. 그저 살려주오. 못살 데로 데려다주더라도 또한 어찌할 수 없소' 하는 것 같았다.

이광수는 관부연락선에서 편안하고 안락한 곳에 안착하고 싶어했다. 그러나 못살 데로 싣고 가도 어쩔 수 없다는 체념도 보인다. 관부연락선은 밤새도록 어둠 속을 달려서 이튿날 새벽 시노모세키에 닿았다. 꼬박 8시간 뱃길이다. 이광수는 요코하마를 거쳐 다시 도쿄행 기차를 탔다. 일본 기차가 조선 기차보다 빨랐지만, 그래도 24시간이나 걸렸다. 이광수는 6개월 동안 일본어를 배운 뒤 이듬해 3월, 열다섯 나이로 대성중학교에 입학했다. 1년 동안 대성중학교에서 공부했으나, 12월 일진회의 내분으로 학비 지원이 중단되자 어쩔 수 없이 귀국길에 오른다. 당시 체결된 을사늑약이 이광수를 더욱 비통하게 만들었다. 그러나 그의 학문에 대한 열정이 새로운 길을 열어준다. 해가 바뀌고 학부學部(대한제국 당시 교육을 담당한 관청으로 고종 32년에 학무아문을 고친 것이다)에서 유학비를 해결해주자 다시 도일하여 9월에 메이지학원 중학부 3학년에 편입했다.

1909년, 18세가 되었을 때 신체시 〈우리 영웅〉을 《소년》에 발표하고, 일본어로 단편소설 〈사랑인가〉를 메이지학원 동창회보 〈백금학보〉에 발표하여 작가로 활동하기 시작한다. 1910년 조선은 일본의 식민지가 되었다. 국권을 빼앗기면서 많은 일본인이 경성으로 쏟아져 들어왔다. 그들에 의해 서양식 건물이 들어서고 상점이 늘어났다. 봉건 체제가 해체되고 국권을 상실한 슬픔 속에서 조선의 지식인은 새로운 문물과 제도를 받아들여 민족의 위기를 해결하고자 하는 염원으로 일본 유학길에 올랐다. 매국이 아닌 민족과 나라를 구하려는 '애국 충정'이라고 생각했다. 그들은 일본으로 몰려갔으나 상황은 여의치 않았다.

일본은 이미 서구화되었다. 학생은 교복을 입었고, 사교 클럽 같은 모임이 유행했다. 독서 클럽, 음악 살롱이 곳곳에 있었고 남녀 학생이 자유롭게 교제했다. 심지어 양복 입은 신사와 드레스 입은 여인이 파티에서 악수하고 춤을 추기도 했다. 그곳에는 커피와 술이 있었다. 1884년 갑신정변 이후 일본으로 달아난 김옥균과 박영효 등을 송환하기 위해 일본에 파견한 서상우 일행 가운데 종사관 박대양은 처음 서구식 파티에 참석하여 기겁을 했다.

밤에 육군대신 오야마 이와오大山巖가 초대하는 녹명관鹿鳴館 연회에 참석하였다. 누의 아래위에는 와사등瓦斯燈과 납촉蠟燭이 꽃떨기를 모아놓은 것 같고, 아름다운 꽃과 좋은 풀들은 비단 병풍을 펴놓은 것 같다. 누 3층 위에 오르니, 검고 쓸쓸한 사나이가 흰 분을 바른 여인 복장을 하고 패물과 향주머니를 간들거리며, 피리 소리에 가락을 맞추니, 모든 문무 고관이 자기의 부녀를 거느리고 와서 각국 남녀와 어울려 둘씩, 둘씩 서로 껴안고 밤새도록 춤을 추었다. 그 광경은 비단 속에서 새와 짐승 들이 떼 지어 희롱하는 것 같았다.

일본은 이때 서양식 파티가 크게 유행했다. 악사가 왈츠를 연주하자 모든 일본 관리가 여자들과 춤을 추었다. 조선의 관리로서는 기절초풍할 만한 일이었다.

일본의 여자들은 다 서양의 옷을 입고, 서양의 춤을 추었다. 이것은 유신維新 이후부터의 풍속이라고 한다. 그 여자들의 개화가 남자들의 개화에 손색이 없으니 개화 이전에 여자에게 좋은 풍속이 없었다는 것을 추측해 알 수 있다. 더욱 웃을 만한 일은, 나이 스물 남짓 된 한 아름다운 여인이 많은 사람 가운데서 나와 갑자기 내 손을 잡고 무엇이라고 말하는 것이었다. 통역하는 사람에게 물으니, 그는 바로 육군경陸軍卿의 부인인데, 연회에 와준 데 감사하는 인사라고 한다. 나는 책상머리의 한낱 서생으로서 일찍이 창부나 주모의 손도 한 번 잡아본 일이 없는데, 갑자기 이런 경우를 당하니 당황하지 않을 수 없었다. 통역하는 사람이 말하기를, "이것은 우리나라에서 귀빈을 접대하는 최고의 일입니다. 괴이하게 여기지 마십시오"라고 하였다. 내가 이에 갑자기 흔연欣然한 얼굴빛을 지으며, 연회를 베풀고 초청하여주어서 훌륭한 연회에 참석하게 된 것을 감사하였다. 이것은 속담에 '미친 사람이 곁에 있으면 미치지 않은 사람도 따라 미친다'고 하는 것과 같은 것이다. 이와 같이 극도로 남녀의 차례나 존비尊卑의 법도가 문란하기에 이르렀으니, 매우 더러워할 만하다. 통역하는 사람이 나를 위하여 손가락으로 가리키며, "저 사람은 태정대신의 부인이고, 이 사람은 외무경의 적처適妻입니다"라고 하였다.

1885년 1월 23일의 일이었다. 상류층에서 유행하던 파티가 곧 민간으로 퍼져갔다. 전통적인 술집 대신 바bar와 클럽이 생겼고, 악사들이 서양 음악을 연주하면 남녀가 손을 잡고 허리를 안고 춤을 추었다. 춤은 대부분 왈츠였으나 얼마 지나지 않아 블루스까지 등장했다. 왈츠는 허리를 잡는 데 지나지 않았으나 블루스는 남녀가 부둥켜안고 춤을 추었다.

많은 조선의 젊은이는 도쿄로 유학을 떠났다. 조선이 멸망했기 때문에 관리가 될 수도, 사회적으로 영향력을 행사할 길도 없었다. 그들 대부분은 도쿄에서 신학문을 배워 나라와 민족에 이바지하겠다는 원대한 포부를 가지고 기차에 몸을 실었다. 그동안 조선은 유학儒學만을 학문으로 생각하고 동양의 고전을 읽어야 지식인이 될 수 있다고 생각했다. 그러나 조선 젊은이들은 도쿄에서 유학을 하면서 근대 학문에 눈뜨게 되었다. 의학, 철학, 과학, 예술, 역사 등 모든 분야가 새로웠다. 그러나 그렇게 몇 년씩 도쿄에서 유학하고 돌아온 청년도 마땅히 할 일이 없었다. 조선은 조선총독부와 일본군의 군홧발 아래 놓여있었다. 새로운 문명을 배웠으나 조선에서 활용할 기회가 없었다.

일본은 조선을 강제로 병탄한 뒤 무단통치를 실시했다. 조선통감부를 조선총독부로 바꾸고 최고 통치기구로 삼았다. 조선의 청년은 일본의 폭압적인 무단통치에 절망했다. 무단통치 아래서 언론, 출판, 집회, 결사의 자유 등 근대적 기본권이 박탈되었다. 학교에서는 민족 교육이 억압받고, 종교는 민족적 신앙이 탄압을 받았다.

정치나 사회적인 문제뿐만 아니라 경제적으로도 조선인은 일본의 수탈에 속수무책이었다. 일본은 1910년에 '회사령會社令'을 내리고 민족자본 형성을 가로막았다. 일본이 설립한 동양척식주식회사는 토지에 대한 지주의 권리만 인정하여, 토지를 소유하지 않고 경작하던 농민의 권리를 강탈했다. 광대한 토지가 경작권을 인정받지 못하고 국유지로 넘어갔고, 일본인이 조선인에게서 강제로 빼앗은 이 토지의 법적 소유권을 인정했다. 이 때문에 많은 농민이 몰락했다. 농민들은 간도로 떠나거나 도시로 흘러가 도시 빈민과 공장의 노동자로 전락했다.

일본인은 동양척식주식회사로부터 토지를 불하받아 대지주가 되었다. 농촌에 남아있던 조선인은 소작농으로 전락했다. 일본인 지주가 5할에서 8할까지 소작료를 거둬들여 격렬한 쟁의가 유발되었다. 도시 노동자도 어렵기는 마찬가지였다. 장시간 노동과 비인간적 대우에 고통받았다. 민족 차별이 심해 일본인의 절반 수준에 이르는 임금을 받았다. 1910년대는 착취와 강탈의 시대였다.

그러나 1918년 1월 미국의 윌슨 대통령이 제1차세계대전 패전국가의 식민지 처리 문제를 '민족자결주의'에 따라 처리하자고 주창했다. 윌슨의 민족자결주의를 먼저 받아들인 것은 해외 유학생이었다. 1918년 11월 여운형, 김규식, 장덕수 등이 신한청년당을 결성하고 독립 청원서를 작성하여 중국에 온 미국 특사에게 전하는 한편, 1919년 1월 김규식을 파리 강화회의에 대표로 파견하고 국내외 민족 운동가와 독립운동 방법을 협의했다. 1918년 12월 미국 지역의 대한인 국민회 총회는 미국 대통령에게 3개 항의 청원서를 제출했다. 이어 한국의 독립을 위해 활발하게 움직이기 시작했다.

"현하의 정세는 우리 조선 민족의 독립운동에 가장 적당한 시기이며 해외 동포도 이미 각각 실행 운동에 착수하고 있다. 우리도 마땅히 구체적인 운동을 시작해야 한다."

도쿄에서는 1919년 1월 6일, 도쿄 기독교청년회관에서 열린 웅변대회를 통해 윤창석, 서춘, 이종근, 박정식, 최근우, 김상덕, 안승한, 전영택 등이 연사로 나섰다. 이들은 최팔용, 전영택, 서춘, 김도연, 백관수, 윤창석, 이종근, 송계백, 김상덕, 최근우 등을 임시 실행 위원으로 선출했다. 전영택이 병으로 사임하자 이광수와 김철수가 보충되어, 모두 11명으로 구성되었다. 독립선언서, 결의문 및 일본 국회에 보낼 민족 대회 소집 청원서는 이광수가 초안을 만들었다. 송계백이 국내로 들어와 한글 활자와 인쇄기 및 운동자금을 구하고, 최린, 현상윤, 최남선 등과 만나 재일 유학생의 거사에 호응하여 국내에서도 궐기할 것을 요청했다. 송계백으로부터 일본 유학생의 거사 계획을 들은 정노식은 전답을 팔아 도쿄에서의 운동자금으로 희사했다.

이광수는 해외에서 활동하는 독립운동가와 관계를 맺고, 2·8 독립선언의 취지를 전 세계에 선전하기 위해 상하이로 떠났다. 이광수는 그곳에 도착하자마자 영국, 미국, 프랑스에 영문으로 된 독립선언을 타전하고, 도쿄에서의 2·8 독립선언과 보조를 맞추어 2월 8일 〈차이나 프레스The China Press〉·〈노스 차이나 데일리 뉴스The North China Daily News〉에 독립선언서 게재를 부탁한다. 2월 9일과 10

일에 각각 그 내용이 〈상하이신문上海新聞〉에 실린다. 장덕수는 상하이, 여운홍은 미국에서 도쿄에 잠입했다.

  1919년 2월 8일 오전 10시경, 임시 실행 위원들은 독립선언서와 결의문, 민족 대회 소집 청원서를 각국 대사관 및 공사관과 일본 국회의원, 조선총독부 그리고 도쿄 및 각지 신문사와 잡지사, 학자에게 우편으로 발송한 다음, 오후 2시부터 조선 기독교 청년회관에서 학우회 임원 선거를 명목으로 유학생 대회를 개최했다. 도쿄에 유학 중이던 학생 전부를 망라한 600여 명이 참가했다. 회장 백남규가 개회를 선언한 다음 최팔용의 사회로 대회 명칭을 '조선 독립 청년단 대회'로 바꾸고 비등해진 분위기 속에서 역사적인 독립선언식을 거행했다. 회순에 따라서 백관수가 독립선언문을, 김도연이 결의문을 낭독하자, 장내는 독립 만세 소리로 가득 찼다. 그러나 이어진 일본 경찰의 강제 해산으로 더 이상 진행할 수 없었다. 도쿄 유학생들은 이후에도 계속 독립운동을 펼쳤으나, 일본의 방해가 계속되고 조선의 지도자들이 서울에서 3월 1일 독립선언을 하기로 결정하자 유학생 600여 명 가운데 359명이 귀국했다.

> 조선 독립 청년단은 아 2000만 민족을 대표하야 정의와 자유의 승리를 득한 세계 만국의 전에 독립을 기성하기를 선언하노라. 4300년의 장구한 역사를 유한 오족은 실로 세계 고민족의 하나이라. 비록 유시호 중국의 정삭을 봉한 사는 유하

얏으나 차는 양국 왕실의 형식적 외교 관계에 불과하얏고 조선은 항상 오족의 조선이고 일차도 통일한 국가를 실하고 이족의 실질적 지배를 수한 사 무하도다. (……) 오족은 구원히 고상한 문화를 유하얏고 반만년간 국가 생활의 경험을 유한 자라 비록 다년간 전제정치하의 해독과 경우의 불행이 오족의 금일을 치하얏다 할지라도 정의와 자유를 기초로 한 민주주의의 선진국의 범을 취하야 신국가를 건설한 후에는 건국 이래 문화와 정의와 평화를 애호하는 오족은 세계의 평화와 인류의 문화에 공헌함이 유할 줄을 신하노라. 자에 오족은 일보이나 혹은 세계 각국이 오족에게 자결의 기회를 여하기를 요구하며 만일 불연이면 오족은 생존을 위하야 자유의 행동을 취하야 써 독립을 기성하기를 선언하노라.

이광수가 기초한 2·8 독립선언서다. 도쿄에서 유학생이 독립선언을 하자 국내 지식인도 적극적으로 호응했다. 천도교의 손병희와 최린 등은 평안도 기독계의 이승훈 등과 협의하여 국내에서의 독립선언을 계획했다. 여기에 불교계의 한용운 등이 참여하여 천도교, 기독교, 불교 3개 교단이 국내 독립선언의 주축이 되어 마침내 33인이 모였다. 이들은 3월 1일 탑골공원에서 독립선언서를 낭독하기로 합의했다. 학생들과 함께 독립선언뿐만 아니라 일본에 대한 독립 청원을 병행하고, 대중화·일원화·비폭력이라는 3대 원칙에 따라 독립선언 운동을 하기로 합의했다. 33인은 독립선언서, 파리 강화회의 등에 보내는 독립 청원서, 일본 정부에 보내는 독립 의견서 등을 작성하고, 2월 27일 독립선언서를 미리 인쇄하여 종교 교단과 학생들에게 배포했다.

3월 1일은 일본에 의해 강제 퇴위 당한 뒤 불우한 말년을 보내다가 죽은 고종의 인산因山을 앞둔 날이었다. 33인과 학생 대표는 이날 전국에서 수많은 사람이 장례에 참석하기 위해 서울로 올라오기 때문에 정오에 선언식을 거행하기로 했다.

고종이 독살되었다는 소문이 널리 퍼져 비통해하던 조선인은 고종의 인산에 참여하기 위해 전국 각지에서 기차를 타고 몰려들었다. 일본 경찰은 조선인이 서울로 몰려드는 것이 고종의 장례 때문이라고 생각했다. 군중을 자극하지 않기 위해 검문도 하지 않았다. 그러나 종교 교단과 학생들은 아침부터 상경하는 시민들에게 태극기를 나누어주면서 탑골공원으로 집결하라고 독려했다.

3·1운동의 '민족대표 33인'은 파고다공원에서 선언서를 낭독하면 학생들이 흥분해 시위가 폭력적으로 변할까 우려하여 1919년 3월 1일 오후 2시에 태화관에 모이기로 한다. 오후 3시까지 길선주, 유여대, 김병조, 정춘수가 오지 않자 세 명을 제외한 29인이 모여 독립선언서를 낭독하고 종로경찰서에 통고했다.

탑골공원에는 오전부터 수많은 시민과 학생이 모여들었다. 고종의 인산을 앞두었던지라 지방에서도 많은 이가 올라왔고, 대부분 하얀 상복 차림이었다. 학생들은 오후 2시에 거행될 민족대표의 독립선언서 낭독을 눈이 빠지게 기다렸다. 그러나 오후 3시가 되고 민족대표들이 태화관에서 이미 독립선언서를 낭독했다는 소식이 전해지자 사람들은 당황했다.

"민족대표들이 태화관에서 독립선언서를 낭독했다고 합니다."
"아니, 어떻게 그럴 수가 있습니까? 그럼 우리는 어떻게 합니까?"
학생들이 크게 술렁거렸다.
"이런 기회가 다시 오지는 않을 것입니다. 여러분이 허락한다면 제가 독립선언서를 낭독하겠습니다."
경신학교 출신 정재용이 팔각정에 올라가 큰소리로 외쳤다.
"낭독하시오!"
정재용은 떨리는 목소리로 독립선언서를 낭독하기 시작했다.

> 오등吾等은 자玆에 아我 조선朝鮮의 독립국獨立國임과 조선인朝鮮人의 자주민自主民임을 선언宣言하노라. 차此로써 세계만방世界萬邦에 고告하야 인류평등人類平等의 대의大義를 극명克明하며, 차此로써 자손만대子孫萬代에 고誥하야 민족자존民族自存의 정권正權을 영유永有케 하노라. (……)

정재용이 독립선언서를 낭독하자 감격에 겨워 눈물을 흘리는 학생도 있었다. 정재용은 낭독을 마치고 만세를 불렀다. 학생과 시민들도 눈물을 흘리면서 목이 터져라 만세를 불렀다.

"자, 이제 행진을 하여 동포들과 각국 공사관에도 알립시다."

지방에서 올라온 수많은 사람과 서울 시민이 합세한 수십만 군중이 두 갈래로 나뉘어 행진했다. 한 갈래는 종로 보신각을 지나 남대문 쪽으로 향하고, 한 갈래는 매일신보사 옆을 지나 대한문으로 향했다.

"대한독립만세!"

"만세!"

만세를 부르던 군중이 대한문에 이르자 숙연해졌다. 대한문 안 덕수궁에는 고종의 혼전魂殿이 있었다. 학생 대표는 덕수궁의 혼전에 들어가 크게 통곡한 뒤, 세 차례 절을 올리고 돌아나와 만세를 불렀다. 시민과 학생들은 대한문 앞에서 혼전을 향해 절을 하고 목이 터져라 만세를 불렀다.

"다시 행진합시다."

만세를 부르는 학생과 군중은 서대문을 돌아 태평로를 지나 미국 영사관에 이르렀다. 이때 한 학생이 손가락을 깨물어 태극기에 '대한 독립' 네 글자를 혈서로 쓰고 흔들었다. 한 학생은 미국 영사에게 독립선언서를 전달하고 낭독했다. 미국 영사와 직원들도 학생이 읽는 독립선언서에 감명을 받아 환영과 함께 깊은 동의를 표명한다고 말했다. 모두가 거리를 누비면서 만세를 부르고, 다시 선언서를 낭독하고 또 만세를 불렀다. 일본 헌병과 기마경찰은 출동하여 칼을 휘둘러 해산하려 했으나, 거대한 해일이 덮치듯 군중이 만세를 불러대니 그들도 어쩔 수 없었다. 저녁 6시가 되자 군중은 자진 해산했다.

"만세를 부르고 이를 선동한 자들을 모조리 검거하라."

총독부는 밤이 되자 대대적인 검거에 나섰다. 학생들을 무차별 학살하고 고문했다. 그러나 3·1만세운동은 요원의 들불처럼 전국으로 퍼져나갔다. 3·1만세운동은 1910년 한일병탄으로 침체기에 빠졌던 조선 독립운동을 추진하는 시발점이 되었다.

1920년이 되면서 조선의 서울은 작은 도쿄처럼 변했다. 이때는 이미 수많은 학교가 세워져 학생들이 다방이나 제과점에 다니고 서양식 교육을 받게 되었다. 철도도 계속 확대되어 함경선 등 여러 지선이 건설되었다. 교복을 입고 통학하는 학생의 모습을 어느 곳에서나 볼 수 있었고, 기차를 타는 일도 일상화되었다.

〈동아일보〉와 〈조선일보〉가 창간되어 본격적인 언론 활동을 시작한 때도 이 무렵이었다.

광막한 황야에 달리는 인생아

1926년 6월 9일 경성을 떠난 경부선 남행 열차에 두 남녀가 앉아 있었다. 6월 10일은 조선의 마지막 황제 순종의 인산 날이었기 때문에 많은 사람이 경성으로 올라오고 있었다. 1919년 고종 황제 인산일을 앞두고 3·1만세운동이 일어났기 때문에 바짝 긴장한 일본 경찰의 경비는 삼엄했다. 거리 곳곳에 일본 경찰이 배치되어 조선인을 검문했고, 경성역에도 경찰이 진을 치고 있었다. 그러나 사람들은 조선의 마지막 황제가 떠나는 길을 배웅하기 위해 기차를 타고 꾸역꾸역 경성으로 올라왔다.

두 남녀는 조문 행렬에 아랑곳하지 않고 거꾸로 경성을 떠나고 있었다. 다시는 돌아올 수 없는 조선 땅이라는 걸 알고 있었을까. 차창으로 흘러가는 풍경을 두 사람은 말없이 바라보았다. 창가에 앉은 여인은 보기 드문 미인이었다. 민소매 원피스에 단정한 머리,

가을 호수처럼 깊고 서늘한 눈, 그 눈이 우수에 젖어 차창을 내다보았다.

뽀옥!

기차는 기적 소리를 울리면서 달렸다. 물론 처음 타는 기차는 아니다. 그러나 기차의 기적 소리가 오늘 따라 유난히 처량하게 들리는 것은 왜일까. 이 무수한 사람이 인산을 보고자 경성으로 올라오는데, 오히려 경성을 떠나는 자신에 대한 자괴감 탓일까. 우국충정은 없다 하더라도, 조선인이라면 누구나 마지막 황제의 죽음에 연민을 갖고 있을 터. 그러나 나라를 빼앗긴 지 16년이나 되었고, 황제도 이왕 전하로 격하되어 유폐되다시피 했다. 일본인과 함께 살아가는 것은 어느덧 일상이 되어있었다.

덜컹덜컹.

열차가 점점 빨리 달리기 시작했다. 차창으로 용산 일대 풍경이 흘러간다. 일본군이 주둔한 탓에 용산 일대는 더욱 황량해 보였다. 여인은 차창을 내다보다가 사내를 힐끗 쳐다본다. 사내는 어느새 꾸벅꾸벅 졸고 있었다. 목포에서 호남선을 타고 새벽에 올라왔는데, 몇 시간 눈도 못 붙이고 다시 부산을 향해 가니 피곤하기도 할 터였다. 여인은 사내가 애처롭다. 나 때문에 이 고생을 하는구나. 여인은 사내의 머리를 안아서 가슴에 갖다가 댄다. 사내가 지어준 노랫말이 떠오른다. 제목은 '사死의 찬미'. 왜 하필이면 죽음인가. 어쩌자고 죽음을 찬미하는 것일까.

광막한 황야에 달리는 인생아

너의 가는 곳 그 어디냐

쓸쓸한 세상 험악한 고해에

너는 무엇을 찾으러 가느냐

노래 가사가 너무나 애절하고 비통하다. 가슴이 타는 것 같았다. 순종황제가 서거했으니, 이제 조선은 임금 없는 나라가 되었다. 순종황제는 자녀가 없었고, 고종의 아들 영친왕 이은은 일본에 있었다. 조국의 비참한 운명이 자신의 인생처럼 허망하고 쓸쓸했다.

덜컹덜컹.

열차가 한강 철교를 향해 속도를 끌어올렸다. 순종황제의 인산을 하루 앞두고 경성을 떠나는 두 남녀는 김우진과 윤심덕이었다. 〈사의 찬미〉는 루마니아 작곡가 이바노비치Iosif Ivanovich의 〈다뉴브 강의 잔물결〉을 김우진이 개사한 작품이다. 윤심덕은 닛토日東 축음기 회사에 〈사의 찬미〉를 녹음하러 가는 길이다. 노래 연습을 몇 번이나 했기 때문에 이제 눈 감고도 외울 수 있다.

뽀오옥!

기차가 기적 소리를 길게 울리면서 한강을 건넌다. 윤심덕은 김우진의 머리를 안고 낮은 목소리로 노래 부르기 시작했다.

눈물로 된 이 세상이

나 죽으면 그만일까

행복 찾는 인생들아

너 찾는 것 괴롭이다

기차는 한강을 건너 영등포를 향해 달린다. 윤심덕은 노래를 부르면서 아련한 회상에 잠겼다.

윤심덕은 1897년 평양에서 4남매의 둘째 딸로 태어났다. 아버지 윤호병과 어머니 김씨는 독실한 기독교 신자여서 어려운 형편이었음에도 자식에게 모두 신식 교육을 시켰다. 윤심덕은 평양에서 숭의여학교를 졸업했고, 언니와 여동생은 이화학당, 남동생은 연희전문학교를 졸업했다.

윤심덕도 졸업 후 의사나 교사가 되기 위해 평양여자고등보통학교와 경성여자고등보통학교 사범과에 진학했다. 그때만 해도 그저 꿈 많은 소녀였다. 언니와 동생이 모두 음악을 전공했기 때문에 자연스럽게 음악 공부를 하게 되었다. 교회에서 찬송가를 부를 때면, 사람들이 '천상의 소리'라고 찬사를 아끼지 않을 정도로 노래를 잘 불렀다. 그녀도 노래 부르는 것이 좋았다.

'나는 음악을 해야 하나 봐.'

윤심덕은 자신이 음악에 소질이 있다는 것을 알게 되었다. 스스로 피아노 반주에 맞춰 노래 연습을 하면서 본격적으로 성악을 공부했다. 그러나 조선에서는 제대로 된 성악을 공부할 수 없었고 집안 형편상 일본 유학을 갈 수도 없었다. 그녀가 성악 공부를 못해 실망하고 있을 때 누군가 조선총독부에서 관비 유학생을 모집하니 응모해보라고 권유했다. 관비 유학생에 선발된 윤심덕은 도쿄로 건너가 아오야마가쿠인靑山學院과 도쿄음악학교를 졸업했다. 윤심덕은 도쿄음악학교 최초의 조선인 학생이었다.

'내가 처음 일본에 갈 때도 이 기차를 타고 부산으로 갔었어.'

경부선에는 많은 추억이 있었다. 그때 일본은 두렵고 무서운 나라였다. 기차의 기적 소리와 덜컹대는 굉음이 지옥으로 그녀를 인도하는 줄 알았다. 그러나 그녀는 산 설고 물 설은 일본에서 이를 익물고 공부했다.

도쿄에는 조선인 유학생 모임이 결성되어있었다. 1921년 방학 때 조선에 들어온 도쿄 유학생은 함께 모여 순회공연을 준비했다. 도쿄에서부터 유학생들과 잦은 모임을 가졌던 윤심덕도 순회공연에 참여했다. 그녀는 조선인 최초의 소프라노였다. 연극을 공연하기 전 무대에서 성악을 불러 선풍적인 인기를 끌었다. 그 순회공연단에 극작가이며 와세다대학 학생인 김우진이 있었다. 활발한 성격의 윤심덕은 김우진과 많은 이야기를 나누었다.

순회공연을 다닐 때도 윤심덕은 경부선을 타고 다녔다. 달리는 기차 안에서 김우진과 깊은 대화를 주고받으며 연애를 시작했다. 방학이 끝나자 그들은 도쿄로 돌아왔다. 김우진은 남매까지 둔 유부남이었기에 그들의 사랑은 이루어질 수 없었다. 그래서 더욱 안타까웠고 정염은 뜨겁게 불타올랐다.

"나를 사랑해요?"

"사랑해."

윤심덕은 몇 번이나 김우진에게 사랑을 다짐받았다.

"나를 얼마나 사랑해요?"

"당신하고 함께 죽을 수 있을 정도로 사랑해."

"아아, 영원히 우리 둘만 있는 곳에서 살고 싶어요."

1924년 윤심덕은 도쿄음악학교를 졸업하고 귀국했다. 그러나 교사로 임용되지 못한 그녀에게 경제적 어려움이 계속되었다. 김우진과의 스캔들이 퍼지면서, 급기야 부호의 첩이라는 소문까지 파다하게 나돌았고, 취직 또한 쉽지 않았다. 그러나 김우진을 열렬히 사랑한 윤심덕은 그와 헤어질 수 없었다. 그들은 황금정(지금의 을지로2가)의 여관에서 밀월을 즐겼다.

"심덕이, 나를 배신하면 안 돼."

"배신하지 않아요."

"심덕이가 비록 첩이라는 말을 들어도 나를 떠나면 안 돼. 내가 사랑하는 것은 오직 심덕이뿐이야."

"당신의 사랑을 받으니 전 죽어도 좋아요."

그들은 뜨겁게 사랑을 나누었다. 윤심덕과 김우진은 을지로2가 사진관 2층에 방 한 칸을 세 얻었다. 다다미를 깔아놓은 초라한 방에서 그들은 밤이나 낮이나 사랑을 불태웠다. 그러다 돈이 떨어지면 김우진은 고향에 내려가 돈을 가져왔다. 그 며칠 동안 윤심덕은 행여 김우진이 본처와 사랑을 나누느라 늦는 건 아닌지 안절부절했다. 그녀는 김우진이 떠나면 매일같이 경성역에 나가서 서성거렸다. 기적 소리는 윤심덕의 가슴을 산산이 찢어발겼다. 김우진은 며칠이 지나서야 가방을 들고 나타났다. 열흘이 걸리기도 했고, 어느 때는 한 달이 걸리기도 했다.

"나를 말려 죽일 거예요? 왜 이렇게 늦게 와요?"

"돈을 마련하느라고 늦었어."

김우진은 가방 하나 가득 돈을 가져오고는 했다.

"논 따위는 필요 없어요."

윤심덕은 김우진이 가져온 돈을 방바닥에 뿌리면서 히스테리를 부렸다. 그러다 김우진이 방을 나가려 하면, 그를 껴안고 울음을 터트렸다.

"미안해요. 내가 잘못했어요."

식민지의 예술가는 불행했다. 조선인 최초의 소프라노로 미모와 함께 화제를 모았던 윤심덕이었지만 마땅히 할 일이 없었다. 그래서 윤심덕은 토월회에 가입하여 잠시 여배우로 활약하기도 했다. 그러나 그녀가 토월회 여배우가 되었다는 사실이 〈동아일보〉에 실리면서 그녀의 부모도 이를 알게 되었다. 아버지 윤호병은 토월회까지 찾아와 그녀를 꾸짖었다.

"네가 광대 짓을 하다니 이게 무슨 꼴이냐?"

윤호병은 사람들 앞에서 마구 소리를 질렀다.

"아버지, 연극배우는 광대가 아니에요. 연극은 훌륭한 예술이에요."

"닥쳐라. 고작 연극배우나 하라고 학문을 가르친 줄 아느냐?"

윤심덕은 아버지의 반대로 배우 생활을 이어갈 수 없었다. 그때 닛토 축음기 회사 쪽에서 그녀에게 대중가요를 녹음하자는 제안을 해왔다. 윤심덕은 더 이상 망설일 수 없었다. 그녀는 김우진에게 연락하여 일본에 가기로 했다. 김우진도 돈이 떨어져 목포에서 돈을 가지고 상경한 것이다.

웃는 꽃과 우는 새가
그 운명이 모도 같으니
생의 열중인 가련한 인생
너는 칼 우에 춤추는 자이다

윤심덕은 〈사의 찬미〉 가사가 자신을 두고 지은 것만 같았다. 노래를 부르는데 자신도 모르게 눈물이 맺혀왔다.

허영에 빠져서 날뛰는 인생아
너 속였음을 네가 아느냐
근본 세상은 너에게 허무니

너 죽은 뒤에 세상은 없도다

기차는 쉬지 않고 달렸다. 윤심덕은 자신이 허영에 빠졌는지도 모른다고 생각했다. 사람들은 모두 행복하게 사는데, 자신만 홀로 비참하다고 생각했다.

덜컹덜컹.

철로 위를 달리는 열차의 굉음에 윤심덕은 한없이 서글펐다. 열차가 이대로 어디론가 끝없이 달렸으면 좋겠다고 생각했다.

"이봐요. 눈을 떠봐요."

윤심덕은 김우진을 흔들어 깨웠다. 김우진이 희미하게 눈을 뜨고 윤심덕을 쳐다보았다.

"나를 사랑해요?"

"사랑해."

"정말로 나를 사랑해요?"

"사랑해. 대체 왜 그러는 거야?"

"나를 위해 죽을 수도 있어요?"

"죽을 수 있어."

"우리 함께 죽을래요?"

"당신이 좋다면 그렇게 하지."

김우진은 윤심덕을 향해 희미하게 웃었다. 그러잖아도 목포에서 아버지로부터 호되게 야단을 맞고 올라온 김우진이었다. 다시는 고향에 돌아오지 말라는 말까지 듣고 돈 1만 원을 얻어서 상경한 김우진은 쓸쓸했다. 윤심덕과 함께 정사情死(연인끼리의 동반 자살)를 나누어도 상관없다고 생각했다.

"아아, 당신은 정말 나를 사랑하는군요."

윤심덕이 김우진을 와락 껴안았다.

두 사람은 부산에서 다시 관부연락선에 올랐다. 그들은 도쿄에 이르러 김우진이 가지고 온 돈으로 자유로운 나날을 보냈다. 당시 도쿄에는 윤심덕의 동생이자 피아니스트였던 윤성덕이 미국 유학을 준비하며 머물고 있었다. 윤심덕은 김우진에게서 돈을 받아 그녀의 유학 비용을 마련해주고, 오사카로 가서 음반을 녹음했다. 동생 윤성덕이 피아노 반주를 맡았다. 윤심덕은 첫 곡 〈탄생의 기쁨〉을 비롯해 스물네 곡을 불렀다. 그중 〈사의 찬미〉를 부르는 윤심덕의 목소리는 전에 없이 애절했다. 반주하던 윤성덕마저 자신도 모르게 눈물을 흘렸다.

윤심덕은 녹음을 마치자마자, 이튿날 동생이 미국으로 유학을 떠나는 것도 보지 않고 귀국길에 올랐다. 왜 그리 귀국을 서둘렀는지 알 수 없었다. 두 사람은 8월 3일 밤 11시 시모노세키에서 연락선 도쿠주마루德壽丸에 올라탔다. 연락선은 무적霧笛 소리를 울린 뒤 부산을 향해 출항했다. 밤은 고요하고 푸른 달빛이 가득한 하늘에는 별들이 서로 밀어를 속삭이는 것 같았다. 윤심덕은 갑판에서 김우진과 팔짱을 끼고 바다와 하늘을 바라보았다. 자연의 모든 것이 장엄하고 경이로운데, 연락선은 검푸른 바다를 헤치고 조선을 향해 가고 있었다.

바다와 하늘을 바라보던 윤심덕의 창백한 얼굴로 눈물이 흘러내리기 시작했다.

"왜 그러는 거요?"

김우진도 우울한 심사가 되어 물었다. 윤심덕이 김우진의 손을 가슴에 올려놓았다.

"나의 가슴은 비수에 찔린 듯이 고통스러워요."

김우진이 윤심덕을 포옹했다. 밤이 깊어 갑판에 사람들의 모습이 보이지 않았다.

"나도 고통스럽소."

"인생의 희망은 사라지고, 화살같이 지나가버린 날은 되돌아오지 않는데, 무엇을 위해 살겠어요? 나는 자유와 평온을 찾기 위해 잠들고 싶어요."

"선실로 들어갑시다."

김우진이 윤심덕을 데리고 선실로 들어갔다. 그들이 갑판으로 다시 나온 것은 새벽 4시쯤이었다. 윤심덕과 김우진은 깊이 포옹하고 키스를 나누었다.

"후회하지 않소?"

"아니요. 나는 이제 영혼의 안식을 찾은 것 같아요. 저 바닷속에는 안식과 낙원이 있어요."

"그럼……."

윤심덕과 김우진은 서로를 껴안고 시퍼렇게 출렁거리는 바다로 투신했다. 연락선이 쓰시마 섬 근해를 지날 때였다. 연락선의 급사가 선실을 순시하다가 1등 선실의 문이 열린 것을 발견하고 이상하게 여겨 안을 들여다보자 꾸려놓은 짐 위에 '뽀이에게' 라고 쓴 쪽지가 있었다.

미안하나 우리의 짐은 집으로 보내주시오. 우리는 낙원국으로 떠나오.

급사는 깜짝 놀라 선장에게 알렸다. 선장은 즉시 배를 멈추고 쓰시마 섬 근해를 샅샅이 뒤졌으나 그들의 흔적을 찾을 수 없었다.

지난 3일 오후 11시에 하관(시모노세키)을 떠나 부산으로 향한 관부연락선 도쿠주마루가 4일 오전 4시경에 쓰시마 섬 옆을 지날 즈음에 양장을 한 여자 한 명과 중년 신사 한 명이 서로 껴안고 갑판에서 돌연히 바다에 몸을 던져 자살을 하였는데, 즉시 배를 멈추고 수색하였으나 그 종적을 찾지 못하였으며, 그 선객 명부에는 남자는 전남 목포시 북교동 김우진이요, 여자는 윤심덕이었으며, 유류품으로는 윤심덕의 돈지갑에 현금 140원과 장식품이 있었고 김우진의 것으로는 현금 20원과 금시계가 들어있었는데, 연락선에서 조선 사람이 정사情死를 한 것은 이번이 처음이라더라.

〈동아일보〉의 보도였다. 〈매일신문〉을 비롯하여 도하 각 신문이 이를 대대적으로 보도하자, 식민지 지식인은 큰 충격을 받았다.
서구 문명 유입은 여성의 생활에도 일대 전환을 불러일으켰다. 유교의 전통이 뿌리 깊은 조선은 여성을 일부종사一夫從事와 순종으로 얽어맸다. 그러나 일본인이 쏟아져 들어오면서 변화가 시작되었다. 여성도 교육을 받고 해외 유학까지 가게 되었다. 여성의 사회 진출이 활발해진 데는 선교사가 세운 교회의 역할이 컸다. 선교사는 학교를 세우고 여성들을 교육했다. 기본적인 교육은 가능했으나, 조선에서는 고등 교육이나 전문적인 교육을 받을 수 없었다. 그래서 많은 사람이 유학을 떠났다. 그러나 유학하고 돌아오면 그들은 취직할 곳도, 자신의 재능을 발휘할 수도 없었다. 모던 보이나 모던 걸이 되어 거리를 활보하는 게 고작이었다.
이광수는 일본 유학을 마치고 돌아와 조선인을 계몽했다. 그러나 윤심덕과 김우진은 자살을 택함으로써 식민지 지식인의 또 다른 면을 보여주었다. 이광수처럼 조선인을 위하여 자신의 일생을 바치지도 않고, 윤심덕처럼 자살하지도 않고, 유학을 마치고 돌아와 무위도식하는 이도 적지 않았다. 이들은 술에 취하고 거침없는 사랑을 나누는 것을 유일한 낙으로 삼았다. 비교적 고등교육을 받고 부유했기 때문에 양복을 입고, 양장을 하고 서울 시내를 휩쓸고 다녔다.

> 이 풍진 세상을 만났으니 너의 희망이 무엇이냐
> 부귀와 영화를 누렸으면 희망이 족할까
> 담소화락에 엄벙덤벙 주색잡기에 침몰하니
> 세상만사를 잊었으면 희망이 족할까

이 무렵 유행했던 〈희망가〉의 가사처럼 모던 보이와 모던 걸은 허무주의에 빠져있었다. 세상은 빠르게 변했으나 그들의 앞날은 암울했다. 이러한 상황에서도 여성들은 자신의 정체성을 찾으려고 부단히 노력했다. 그들은 고등교육을 받아 자유연애를 구가하고 예술 활동에 종사하려 했으나, 여전히 많은 제약을 받아야만 했다.

그러나 신여성으로 불리면서 자신의 정체성을 찾으려 한 여성은 전체의 10분의 1도 되지 않았다. 식민지 조선인이 대부분 궁핍하게 살았듯 여성들 또한 궁핍한 삶을 벗어날 수 없었다. 농촌의 딸들은 신발조차 신지 못할 정도로 가난했고, 도시 빈민의 딸들 역시 하루 세 끼 입에 풀칠하기도 힘들 만큼 가난했다. 이들은 가난에서 벗어나기 위해 도시에 있는 일본인 공장에 취업하여 여공이 되거나 일본에 있는 공장으로 팔려갔다.

미루나무 잎사귀가
검푸르게 나부꼈다

부우웅.

뱃고동 소리는 흡사 문풍지가 한겨울 칼바람에 비명을 질러대는 듯 길게 여운을 끌었다. 죽어서 간다는 황천이라면 저런 소리가 날까. 아니면 악귀가 산다는 지옥의 무저갱無底坑(기독교에서 한번 떨어지면 헤어나지 못한다는 영원한 구렁텅이)에서 들리는 소리라 저토록 둔중한 것일까. 부두에 밴 기름 냄새와 땀 냄새 때문에 금방이라도 토할 것처럼 속이 울렁거리자, 보영은 원목 더미 옆에 쪼그리고 앉아서 흐린 눈빛으로 넓은 바다를 바라보았다. 바다는 수묵화 같은 잿빛이었다.

여공들은 오사카 내항에 방금 정박한 여객선 이키마루壹岐丸 앞에 무리를 지어 옹기종기 앉아있었다. 부산에서 배를 탄 지 꼬박 하루, 너나 할 것 없이 뱃멀미에 시달려 그러잖아도 남루하고 초라한 행색이던 여공들 얼굴이 황달이라도 앓은 듯 누렇게 떠있었다.

'난 꼭 돈을 벌어서 조선으로 돌아갈 거야!'

보영은 바다를 바라보며 입술을 앙다물었다.

일본은 그녀에게 미지의 나라였다. 잡귀가 산다는 풍설까지 떠도는 일본에 첫발을 내디뎠으나 불안을 떨쳐버릴 수가 없었다. 일본에 온 까닭은 가난 때문이었다. 농사는 흉년이었고 아버지는 소작료 불납 운동(1920년대 일본인 지주에게 과다한 소작료를 낼 수 없다는 농민운동. 1923년만 해도 전국에서 176건이나 일어나, 농민 3973명이 여기 동조했다.)을 벌이다가 주재소에 끌려가 고문을 당한 뒤로는 술과 노름에 빠져 살았다. 그녀의 어린 동생들은 배고픔 때문에 언제나 울면서 지냈다. 춘궁기가 돌아오자 굶어죽는 사람이 더 많아졌다. 피골이 상접한 시체가 길바닥에 나뒹굴고 구더기와 파리 떼가 들끓었다. 아이나 노인이 굶주림으로 죽으면 가마니에 둘둘 말아서 냇둑이나 산에 버렸다.

보영의 동생들도 허기진 배를 움켜쥐고 병든 병아리처럼 양지쪽에 앉아서 졸고 있었다.

"너 일본 가서 일해라."

사흘 전 읍내 노름방에서 돌아온 아버지가 부엌 앞에서 저녁거리 감자를 깎는 보영에게 말했다. 보영은 깜짝 놀라서 쪽마루에 엉덩이를 걸치고 앉아 곰방대를 빠는 아버지를 쳐다보았다.

"야?"

"일본으로 가라고 그랬다. 조선 년이 조선말도 못 알아들어?"

아버지가 시비를 걸듯이 눈을 험악하게 부라렸다. 아버지는 해으름인데도 벌써 술에 취해 있었다. 아버지가 가쁜 숨을 내쉴 때마다 시지근한 탁주 냄새가 역하게 풍겼다. 장독대 위에는 하루살이들이 잉잉거렸다.

"이, 일본이유?"

보영은 가슴이 철렁했다. 일본에는 사람을 잡아먹는 식인귀가 산다는 풍설이 파다했다.

"모레부터 일본에 가서 돈 벌어. 읍내에 방직공장 여공을 모집히는 사람이 왔다."

"아부지, 저 일본 가는 거 싫어유."

"뭣이 어째?"

"왜놈들은 여자를 잡아먹는대유."

"이년아, 그래서 못 가겠다는 거여? 애비 말을 듣지 않겠다는 거여?"

아버지가 불같이 역정을 내면서 보영에게 달려와 옆구리를 내질렀다.

'헉!'

보영은 아버지의 발길에 얻어맞은 옆구리가 끊어질 듯이 고통스러워 입을 딱 벌렸다. 그러나 아버지의 발길질이 계속될 것 같아 구르다시피 도망을 쳤다. 아버지는 보영이 삽짝 밖으로 내달리자,

깎은 감자를 담은 바가지를 발로 차서 깨버렸다. 그때 김 진사 댁 담배밭에 삯일을 나갔던 어머니가 돌아왔다.

"이 여편네가 어딜 싸돌아다니다가 시방 오는 거여?"

아버지가 지게 작대기를 들고 달려가 어머니의 등짝을 후려쳤다. 동생들이 울음을 터트리고 어머니가 비명을 질러댔다. 아버지는 집에 있던 그릇을 마구 내던지고 장독대를 깨트렸다. 영문도 알지 못한 채 어머니는 바짓가랑이를 잡고 매달렸다.

"왜 이래유? 살림살이 다 부술 작정이유?"

"이년들이 전부 죽도록 얻어맞아야 정신을 차리겠어?"

아버지는 마구 발길질을 했다. 무지막지한 발길에 가슴을 얻어맞은 어머니가 엉덩방아를 찧고 나뒹굴었다. 숨넘어갈 듯 비명을 질러댔다.

"아부지, 참으세유."

보영은 후닥닥 마당으로 달려가 아버지의 팔에 매달렸다. 어머니가 맞아죽을까 봐 겁이 덜컥 났다.

"이년아, 일본 가서 돈 안 벌 테여?"

아버지가 보영의 머리채를 움켜쥐었다.

"갈게유. 일본에 갈게유."

"일본만 가지 않겠다고 해봐라. 아예 다리몽둥이를 분질러버릴 테니까."

그제야 분이 풀리는지 보영의 머리채를 팽개치고 휑하니 밖으로 나갔다. 아버지가 삽짝을 돌아나가자 어머니가 목 놓아 울기 시작했다. 보영도 마당에 쪼그리고 앉아 울음을 터트렸다. 아버지가 돈 5원을 받고 일본 방직공장에서 온 인솔자에게 보영을 팔았다는 사실을 그날 밤 알게 되었다. 어머니는 아버지에게 그 소리를 듣고 통곡했다.

"안 돼유. 사내도 아닌 계집애를 어떻게 일본에 보내유?"

어머니가 울면서 애원을 했다.

"이미 계약서에 도장 찍었어. 계약서대로 하지 않으면 주재소에 잡혀간다니까, 그런 줄 알아. 일본에 가면 돈도 벌고 굶주리지도 않는데 왜 싫어? 아부려면 애비가 지 딸년 죽을 곳에 보낼까? 거기서는 한 달에 2원씩이나 품삯을 준대."

아버지가 헛기침을 하고 말했다. 어머니는 아버지가 주재소에 잡혀간다는 바람에 보영의 일본행을 만류할 수 없었다.

"어디서든지 몸가짐을 단정히 해라."

집을 떠나기 전날 밤, 어머니는 보영의 손을 꼭 잡고 객지에서 보영이 행할 일을 가르쳐주고 또 가르쳐주었다. 보영은 이튿날 새벽에 눈을 떴다. 어머니가 보영이 먼 길 떠난다고 동도 트기 전부터 일어나 제사 때 쓸 쌀로 밥 짓고 씨암탉을 잡았다. 보영은 눈물이 푹 솟았다. 어머니가 정성스레 차린 아침상이 목이 메어 넘어가지 않았다. 군침을 삼키는 동생에게 눈을 흘기며 어머니가 보영의 밥숟가락에 얹어주는 닭고기를 간신히 몇 숟가락 넘기고 상을 물렸다.

이내 떠날 시간이 왔다. 보영은 연신 곰방대를 빠는 아버지에게 큰절을 했다.

"오냐. 객지에서 욕보거라."

아버지도 일본으로 떠나는 보영을 보고 마음이 언짢았을까. 큰절을 하자 술독이 올라 움퍽 들어간 아버지의 눈자위가 붉게 젖었다. 보영은 피가 나도록 입술을 깨물었다. 어머니와 동생들은 시오리나 되는 여우재까지 배웅을 했다. 보영의 하얀 옷자락이 보이지 않을 때까지 고갯마루에서 손을 흔들고 또 흔들었다. 보영도 걸음을 재촉하다가 돌아보고 손을 흔들고, 또 돌아보고 손을 흔들었다. 마침내 고갯마루에 서있는 식구들 모습이 점점 희미해지고, 소나무에 학이 깃을 접고 앉은 양 하얗게 작아졌다. 식구들에게도 보영이 그렇게 작아 보였을 터.

인솔자가 기다리는 천안역에는 벌써 일본 방직공장으로 가는 조선인 부녀자들이 와글와글했다. 보영은 '숭화전崇和田'이라고 씩어있는 깃발 앞으로 갔다. 그곳에 도리우치 모자에 당꼬바지를 입은 중년 사내가 사람들을 살피면서 명단을 확인하고 있었다.

"이보영? 음, 여기 있군."

보영이 인사를 하자 사내가 이름을 물은 뒤에 공책에 동그라미 표시를 했다. 보영은 역내 수양버들 밑에 앉았다. 멀리 어머니가 역 앞에 서있는 모습이 보였다. 가슴이 뭉클하여 돌아가라고 손을 내저었다. 남루한 옷차림의 어머니, 걸핏하면 술 취한 아버지에게 매 맞는 어머니가 싫었다. 보영은 일부러 어머니 쪽을 쳐다보지 않았다. 하늘은 잿빛으로 낮게 내려앉았고 미루나무 잎사귀가 검푸르게 나부꼈다. 여자들은 한쪽에 모여 웅크리고 앉아있었다. 보영이 딴전을 부리다 시선을 돌리자 어머니가 보이지 않았다. 아버지의 점심을 차리러 집으로 돌아간 모양이다. 공연히 눈물이 볼을 타고 흘러내렸다.

모두 모여서 열차에 탄 것은 정오가 가까운 시간이었다. 인솔자는 낙오하는 사람이 있어서는 안 된다고 소리소리 지르면서 여자들을 열차에 태웠다. 보영은 열차를 처음 탔다. 집에서 기차역까지는 20리 길이다. 산 너머에서 기적 소리를 듣기는 했으나 열차를 보는 것도, 타는 것도 처음이었다. 여공들은 대개 14세에서 20세까지의 처녀들이었으나 간혹 부인네도 섞여있었다. 하나같이 초라한 옷 보퉁이를 가슴에 보듬고 있었다. 모두 난생처음 알지도 못하는 일본에 간다는 생각 때문에 불안과 긴장으로 얼굴이 어두웠다.

"자, 모두 나를 따라 기차를 타라. 어물어물하다가 기차를 놓치지 마라."

인솔자가 소리를 지르면서 여자들을 열차에 타게 했다. 보영은 열차에 올라탔다. 열차 안은 발 디딜 틈도 없이 승객들이 가득했다. 인솔자는 여자들을 화물칸 같은 곳으로 데려갔다. 보영은 사람들 틈에 끼어 앉아 차창 밖을 우두커니 내다보았다.

이내 열차가 길게 기적 소리를 울리고 덜컹거리며 움직이기 시작했다. 열차를 처음 타보는 사람들이 웅성거리면서 창밖을 내다보았다. 차창으로 집들이 뒤로 가기 시작하고 초목이 휙휙 지나갔다. 산천이 앞에서 나타났다가 뒤에 가있고 들에서 일을 하는 사람들이 바람처럼 빠르게 지나갔다.

'어머니……'

열차가 산모퉁이를 돌 때 보영은 낮은 언덕에 서있는 어머니를 보았다. 하얀 옷을 입은 어머니가 손을 흔들면서 무어라 소리를 지르고 있었다.

어머니는 딸이 떠나던 날을 또렷이 기억했다. 날씨가 흐렸고 천안역 구내에 있는 무성한 미루나무 잎사귀가 검푸르게 나부꼈다. 비가 오겠구나. 날씨가 후텁지근하더니 서쪽 하늘에서 검은 구름이 몰려왔다. 그러나 딸아이가 비를 맞지는 않겠구나 생각했다. 부산 가는 기차를 탈 테니, 비 맞을 일은 없었다. 그런데 왜 이렇게 가슴이 아픈 것일까. 딸은 미루나무 아래에서 어서 돌아가라고 손을 내저었다. 내 초라한 모습이 보기 싫었던 것일까. 딸은 돈을 벌어오겠다고 했다. 어린 딸이 돈 벌러 간다는 말에 어머니는 가슴이 먹먹하고 서글펐다. 태어나서 입을 오물거리며 젖을 빨던 게 엊그제 같은데, 일본으로 돈을 벌러 가다니. 고작 열일곱 살인데. 이웃에서는 시집을 보내라고 했으나 더 크면 보내야지 하고 있었는데, 느닷없이 일본에 가게 된 것이다.

딸은 다른 여자들과 함께 미루나무 밑에 오도카니 서있었다. 돌아가라고 손을 내젓는 딸을 볼 수 없어 몸을 돌렸다. 걸음이 천근처럼 무거웠다. 집을 향해 타박타박 걸음을 떼어놓다가 딸이 탄 기차라도 봐야겠다는 생각이 들었다. 천안역에서 남쪽으로 조금 떨어진 낮은 야산으로 달려갔다. 기차가 산모퉁이를 돌아 남쪽으로 내달리니 딸을 볼 수 있을지 모른다고 생각했다. 숨이 턱까지 차올랐지만 빠르게 걸었다. 다행히 기차는 지나가지 않았다. 한 시간은 족히 걸었을 터.

부우웅.

이내 요란한 기적 소리를 울리면서 기차가 달려왔다. 어머니는 기차를 향해 손을 흔들기 시작했다.

"보영아!"

어머니는 딸의 이름을 목청껏 불렀다.

"기다릴게."

어머니는 덜컹대면서 달리는 기차를 향해 목이 터지도록 소리 질렀다. 기차는 점점 빠르게 달리기 시작하여 남쪽 저 멀리로 사라졌다. 그날부터 어머니는 딸이 돌아오기만을 기다렸다. 비가 오나 눈이 오나 천안역으로 달려가 딸을 기다렸다.

보영이 도착한 오사카 승화전 방직공장에는 많은 조선인 여공이 있었다. 조선은 1900년대까지 인구가 2000만 정도였으나, 급속도로 증가하여 1920년대에는 3000만에 이르렀다. 동양척식주식회사와 일본인의 진출로 소작농은 붕괴했고 농촌은 피폐해졌다. 그리하여 많은 이가 도시로 진출하기 시작했고, 역세권에 새로 생긴 공장에 취업했다. 그러나 조선에는 공장이 그리 많지 않아 그것도 한계가 있었다. 임금이 일본인의 절반밖에 되지 않았음에도 일하려는 사람이 구름처럼 몰려들었다. 조선에 있는 공장에 취직하지 못한 사람들은 일본으로 돈을 벌러 가지 않으면 안 되었다.

신고산이 우르르 함흥차 떠나는 소리에

구고산 큰 애기 단봇짐만 싸누나

어랑어랑 어야 어야디야 내 사랑아

구부러진 노송나무 바람에 건들거리고

허공중천 뜬 달은 사해를 비춰주노라

어랑어랑 어야 어야디야 내 사랑아

산수갑산 머루다래는 얼크러 설크러졌는데

나는 언제 임을 만나 얼크러 설크러지느냐

어랑어랑 어야 어야디야 내 사랑아

신고산은 새로 생긴 마을이다. 원산에서 얼마 떨어지지 않은 곳에 '고산'이라는 마을이 있는데, 경원선이 건설되어 그 옆을 지나갔다. 마을 옆에 간이역이 생겨 새로운 마을이 형성되어 '신고산'이라 불리게 되었다. 역 이름도 '신고산역'이 되었다.

〈신고산타령〉은 개화기의 민요로, 일본을 통해 들어온 서양 문물에 대한 반발과 기차가 달리는 소리에 시골 처녀의 마음이 들뜨기 시작한다는 내용이 담겨있다. 가난 때문에 팔려가는 여자가 대부분이었으나, 새로운 문명을 동경하여 스스로 집을 떠나는 여자도 있었다.

서구 문명을 비교적 일찍 받아들인 일본은 공장에서 대량으로 생산한 옷감을 싼값에 수출했다. 제품은 조악했으나 식민지에서는 불티나게 팔렸다. 일본 여성 노동자도 공장에서 일했으나, 그들은 임금이 비쌌다. 그래서 조선에서 여자들을 데려다가 작업을 시키기 시작했다. 조선인 여자는 임금이 헐값인 데다 중노동을 시킬 수도 있었다. 오사카 숭화전 방직공장만 해도 539명의 여공이 있었다.

보영은 오사카 숭화전 방직공장에서 견습공으로 하루 14시간에서 16시간씩 일했다. 상애회相愛會 지부에서는 여공을 감시했다. 그 대가로 숭화전 방직공장의 상애회 지부장 전택영全澤永은 조선인 여공을 착취해 첩을 넷이나 두고 살았다.

1920년에 친일파 박춘금朴春今이 결성한 상애회는 간토대지진이 발생하자 노동 봉사대 300명을 동원해 학살당한 한국인 시체를 처리하고 집단 수용소를 관리하여 일본 치안 당국으로부터 친일단

체로 인정받는다. 훗날 협화회協和會로 발전, 한국인을 총알받이로 내몰거나 징용으로 끌고 가는 일을 했다.

1910년경부터 일본으로 몰려들기 시작한 조선인 노동자가 1930년에는 남성 21만, 여성 7만 명에 이르렀다. 그러나 부두, 광산, 철도 등에 동원된 조선인 남성 노동자가 몇 배 많았기 때문에 결혼도 쉽지 않았다. 이러한 현실에 착안한 상애회는 결혼을 원하는 조선인 남성으로부터 20원에서 30원을 받고 일본에 와있는 조선인 여공을 이들과 강제로 결혼시켰다. 강제 결혼이 싫어 달아나는 조선인 여공도 있었다.

> 29일 밤 오사카의 중진서中津署 순사가 관내를 순찰하다가 울고 있는 조선 여인을 발견, 경찰서로 연행하여 조사했다. 그녀는 조선의 경상남도 양산 출신으로 이순임이라고 했다. 나이는 26세였다. 그녀는 고향에 여섯 살 된 아들도 있는데, 남편이 병상에 눕게 되어 살길이 막막하자 방직공장의 여공으로 자원했다. 상애회는 공장에서 일을 하는 그녀를 조선인 노동자와 강제로 결혼시키려고 했다. 그녀는 강제 결혼이 싫어 공장에서 뛰쳐나와 길에서 울고 있었다고 한다.

〈오사카 마이니치 신문〉의 사회부 기자가 이를 취재해서 기사로 내보냈다. 상애회의 위협과 매질을 견디지 못해 결혼을 승낙하면 공장에서는 사흘간 휴가를 주었다. 여공들은 생전 처음 보는 남자와 사흘을 보내고 다시 공장으로 돌아왔다. 승화전 방직공장 근처에 살던 일본인은 조선 여공을 '조선 돼지'라고 불렀다.

"우리는 돼지가 아니라 인간이다."

조선인 여공들은 항의했다.

"그러면 나비나 잠자리도 새냐?"

일본인은 조선인 여공을 비웃었다. 승화전 방직공장은 임금과 숙소, 제공하는 밥마저 차별했다. 조선인 여공에게는 보리나 밀이 잔뜩 섞인 밥에 반찬은 단무지가 고작이었다. 어쩌다가 생선이 나오기도 했지만, 상했거나 대가리만 넣고 끓인 국이어서 돼지 먹이와 다름없었다. 음식에서 벌레가 나올 때도 있었다. 여공은 한 달에 두 번 쉬었는데, 1~2전으로 야채를 사고 시장에서 버리는 생선 내장 따위를 주워다 국을 끓여 먹었다.

그러고는 기숙사 뒷산에 올라가서 바다를 바라보면서 고향을 그리워했다. 기숙사로 돌아올 때는 한없이 울고 또 울었다.

열악하기는 기숙사도 마찬가지였다. 작은 다다미 방에서 수십 명씩 함께 지냈다. 옷을 빨아 입을 시간조차 없었다. 더러운 옷과 불결한 환경 속에서 여공들은 병들어갔다. 전염병에 걸리면 격리만 할 뿐, 제대로 치료조차 해주지 않았다. 그들은 고향을 그리워하면서 죽어가는 수밖에 없었다. 배고픔과 중노동, 혹심한 매질로 여공들은 잠자리에 들면 울었다.

"왜 우니?"

어린 여공이 배고프고 고향이 그리워서 울면, 선배 여공이 달래곤 했다. 그러나 선배라고 고향이 그립지 않겠는가. 어린 동생을 달래는 선배의 목소리에도 울음이 섞였다.

"언니는 왜 울어?"

서로 위로하다가 함께 부둥켜안고 울었다. 기숙사는 어느새 울음바다로 변했다. 그러나 담장이 높아서 도망갈 수도 없었다. 도망치다가 걸리면 상애회에 잡혀가 죽도록 얻어맞았다.

여공들은 대부분 교육을 받지 못했다. 고향에서 오는 편지를 상애회에서 읽어주는데 엉터리였다. 공장 이웃에 사는 사람에게 담배를 사주면서 편지를 써달라고 부탁하지만, 제대로 쓰는지 알 수 없었다. 오사카에는 조선인 노동자가 만든 노동조합이 있었다. 그들은 숭화전 방직공장 여공의 딱한 사정을 듣고 야학을 열어 글을 가르치기 시작했다. 여공들이 글을 배우면서 자신의 현실에 대해 자각하기 시작했다.

1929년 뉴욕의 월 가에서 시작된 대공황이 일본까지 휘몰아쳤다. 숭화전 방직공장도 임금의 40퍼센트를 깎고 조선인 노동자를 해고하기 시작했다. 숭화전 방직공장 조선인 여공은 5월부터 투쟁에 들어갔다. 5월 3일, 직공대회를 열기로 했으나 경찰과 회사의 삼엄한 감시 때문에 노조 본부로 들어갈 수 없었다. 그러나 탈출한 100여 명이 17개 항의 요구서를 회사에 제출했다. 5월 7일 쟁의단이 공장 정문으로 몰려가 시위를 벌였다. 숭화전 방직공장은 경비를 동원해 여공에게 몽둥이를 휘둘렀다. 동료들이 몽둥이에 얻어맞는 모습을 본 여공 90여 명이 시위에 가담했다. 숭화전 방직공장은 가장 격렬하게 항의한 노동자 20명을 해고했다.

그러자 숭화전 여공은 인근 철도 부설 노동자에게 도움을 청했다. 이에 철도 부설 현장에서 조선인 노동자 80여 명이 조선 여공을 지원하러 왔다. 그들은 사장과 면담을 요구했으나 거절당하자 회사의 기물을 파괴했다. 이를 계기로 일본 경찰이 투입되어 노조 간부와 여공 100여 명을 검거했다. 이들은 노동조합을 불순 세력으로 몰아세워 기혹하게 고문했다.

회사는 노조와 여공에게 식사 제공을 거부했다. 여공들은 이제 굶주려가면서 회사와 싸워야 했다. 그들은 숭화전 방직공장 6000여 노조원을 동원하여 실력 행사에 들어가려고 했으나, 경찰의 방해로 뜻을 이루지 못했다. 여공들은 이미 일주일 이상 굶주렸기 때문에 더 이상 투쟁할 여력도 없었다. 5월 28일이 되자 회사는 여공들을 공장으로 복귀시키겠다는 구실로 상애회와 폭력배를 동원해 노조 본부를 습격했다. 여기에 경찰까지 가세하여 조선 여공 20명과 노조원 70명을 검거했다. 식량도 바닥나고 지도부마저 무너지자 더 이상 투쟁을 이어갈 수 없었다.

"모두 여기서 고통을 당할 필요는 없다. 최소의 인원만 남고 돌아가라."

여공들은 대표자 몇 명만 남아서 투쟁하기로 하고, 나머지는 회사로 돌려보냈다. 그들은 헤어질 때 서로 부둥켜안고 울었다. 처절한 투쟁이었다. 조선 여공의 투쟁은 장장 40일이나 이어졌다. 그녀들의 투쟁 소식은 일본에 있는 조선인 노동자의 관심을 불러일으켰다. 식량과 야채 등을 보내오고 격려 편지가 쇄도했다. 그녀들은 죽음을 각오하고 싸워 마침내 몇 가지 사항을 합의했다.

1. 해고자에겐 소정의 해고 수당을 지급한다.
1. 쟁의 중의 일급과 쟁의 비용으로 금일봉을 준다.
1. 퇴직하여 귀국하는 여공에게는 여비와 약간의 수당을 준다.
1. 여공들이 요구한 17개 항목은 유념한다.

숭화전 방직공장은 조선인 여공의 처절한 쟁의가 끝나자마자 대대적인 해고를 단행했다. 대공황의 여파로 숭화전 방직공장뿐 아니라 일본의 숱한 공장이 조선인 노동자를 해고하여 조선으로 돌려보냈다.

조선에서는 원산 노동자 1400명이 노동 조건 개선을 요구하면서 총파업에 나섰고, 전국 곳곳에서 파업이 잇따랐다. 대공황으로 경제가 어려워지자 일본인은 조선인 노동자를 해고하거나, 그렇잖아도 일본인의 절반밖에 안 되는 임금을 대폭 삭감했다.

민심은 사나웠다. 평안남도와 전라북도에서는 유행성 독감이 창궐하여 여러 사람이 목숨을 잃었다. 평안남도에서는 660명, 전라북도에서는 530명이 사망했다. 전국에서 곡성이 그치지 않았다. 1929년 9월 13일 일본은 조선인 노동자 2만 명을 강제송환하기로 결정했다. 이는 곧 해고를 뜻했다. 조선총노동동맹은 즉시 일본 총리대신, 내무대신, 도쿄시장에게 항의 서한을 보냈다. 그러나 해고는 계속되었다.

오사카 승화전 방직공장에 돈을 벌러 간 보영이는 갖은 고생을 했으나, 끝내 고향으로 돌아오지 못하고 병으로 이 세상을 떠났다.

거리는 부른다, 환희에 빛나는

철도는 문명의 이기이다. 근대화의 상징이다. 일본이 식민지 착취를 위해 건설했음에도 무수한 조선인이 철도를 이용하게 되었다. 경성은 빠르게 근대화되었다. 여러 학교의 설립으로 인텔리가 넘치고 신문과 출판이 활성화되어 문화 활동이 활발하게 전개되었다. 춘원 이광수가 자신의 첫 장편소설 《무정》을 1917년 1월 1일부터 6월 14일까지 126회에 걸쳐 〈매일신보〉에 연재하여 선풍적인 인기를 끌었다. YMCA를 중심으로 계몽운동도 활발하게 펼쳐졌다. 종로, 을지로, 명동에 상가가 들어섰다. 백화점이 등장했고, 밤과 향락의 문화가 휩쓸었다.

이토 히로부미는 조선의 왕궁 창경궁을 동물원으로 만들고 벚나무를 심었다. 벚나무가 무성해져 벚꽃이 활짝 피자 개방하여 시민의 놀이터로 만들었다. 동물원과 벚꽃을 구경하기 위해 전국 각지에서 관람객이 몰려들었다. 많을 때는 낮에 4만여 명, 밤에 1만여 명이 입장하여 꽃놀이를 즐겼다. 지방에서 올라오는 사람은 당연히 기차를 이용했다. 신의주와 평양에서는 경의선을 타고, 원산에서는 경원선, 전라도에서는 호남선, 경상도 땅에서는 경부선을 타고 경성으로, 경성으로 몰려들었다.

> 거리는 부른다 환희에 빛나는
> 숨 쉬는 거리다 미풍은 속삭인다
> 불타는 눈동자 불러라 불러라
> 불러라 불러라 거리의 사랑아
> 휘파람 불며 가자 내일의 청춘아

남인수는 〈감격 시대〉라는 노래를 불러 선풍적인 인기를 끌었다. 세태를 반영하는 대중가요의 속성상 일제강점기 대중가요는 대부분 처량하고 쓸쓸한 노랫말과 선율이었다. 그러나 남인수의 노래는 일제강점기였음에도 건전 가요처럼 시대를 찬미하여 청춘 남녀를 희망으로 이끌었다.

경성은 모던 보이와 모던 걸이 등장하여 새로운 풍속을 보여주었다. 자유연애라는 말이 유행어처럼 번지고, 신여성은 남성에게 종속되지 않아야 한다는 주장으로 신여성 논쟁이 일기도 했다. '유성기'라 일컫던 축음기가 보급되어 대중가요가 널리 불렸다. 이난

영은 〈목포의 눈물〉, 고복수는 〈타향살이〉를 불렀다. 윤심덕의 〈사의 찬미〉는 그녀의 죽음과 함께 애창가요가 되었다.

이 무렵 수학여행이 생겨났다. 많은 학생이 기차를 타고 수학여행을 떠났다. 수학여행의 인기 코스는 신라 천 년의 숨결이 살아 있는 경주와 금강산. 금강산은 수학여행이 아니더라도 많은 사람이 여행하고 여행기를 남겼다. 월탄 박종화도 금강산 기행문을 남겼다.

> 복계(강원도 평강군)에서 점심을 먹는 동안 기차는 저 유명한 검불랑(경원선의 산이역)을 향하여 간다, 푹 푹푸 푸푸푸. 기차는 죽을힘을 다하여 올라가기 시작한다. 그러나 그것은 사람의 걸음만도 못한 것이었다. 대자연의 문명, 자연 앞에 준동蠢動하고 있는 조그마한 사람의 힘, 그것은 마치 어린애의 장난과 같다, 푸 푸 푸. 헷김 빠진 소리만 저절로 터져나온다, 만일 이것이 동물이라면 전신엔 함빡 땀으로 물초를 하였을 것이다, 칠전팔도七顚八倒, 그 기어 올라가는 꼴이 마음에 마치 지각을 가진 동물을 타고 가는 양 안타까운 착각을 가끔 가끔 느끼며 홀로 가만한 고소를 날려버렸다.
> 세포역洗浦驛을 지나니 이곳은 목장 지대, 면양을 기르고 말을 치기에 적합한 곳이다.
> 어지러이 핀 야화野花, 싱싱하게 푸른 잡초, 공기는 깨끗하고

물은 맑다. 이 가운데 말은 살찌고 양은 기름지다. 그림 같은 방목의 정경이 또한 진세塵世의 것이 아닌 것 같다.

이왕직李王職의 말을 치는 목장과 난곡농장의 방목들이 있다는 데다. 다시 차는 산협을 끼고 돈다. 일찍이 보지 못하든 천하의 절경 '금강산'이다. 한 산을 지나면 한 물이 흐르고 한 물이 굽이치면 한 굴이 나온다. 캄캄한 굴이 지리한가 하면, 어느덧 명랑한 푸른 산이 선녀의 치마폭인 듯 주름잡아 감아 돌고, 물이 인제 다했는가 하면 천 길이나 되는 다리 아래엔 살진 여울이 용솟음치니, 돌은 뛰어 솟고 물은 부서져 눈雪을 뿜은 양 백룡이 어우러 싸우는 듯, 끊어진 언덕을 휩쓸어 어마어마한 큰 소리를 지르고 내川를 이루어 달아난다. 아이들은 박장拍掌하고, 나는 청흥淸興에 취하였다.

반복무상反覆無常 이렇게 삼방유협에 닿으니 산山이 감돌기를 스무 번, 물여울이 포효하기를 열아홉 번, 터널의 어둠이 열네 번, 천하의 기승奇勝을 한곳에 몰아놓았다. 만일 십오야 월광을 타고 이곳을 지난다면 달이 부서지고 금金이 용솟음치는 위관기경偉觀奇景을 한 가지 더 볼 수 있을 것이다.

박정희 전 대통령도 사범학교에 다니던 1930년대에 금강산으로 수학여행을 갔다. 수학여행은 길고 긴 기차 여행으로 시작되었다. 대구에서 경부선을 타고 경성에서 다시 경원선으로 갈아탔다.

이 무렵에는 이미 함경선까지 개통하여 원산에서 종성까지 기차가 달렸다.

5월이었다. 날씨는 화창하고 들에는 푸른 기운이 가득했다. 박정희는 차창을 지나가는 들과 산을 보면서 여러 가지 생각에 잠겼다. 가난하게 사는 조선인, 그들을 멸시하는 일본인을 생각하자 가슴이 답답해져왔다. 쉬엄쉬엄 달리던 기차가 내금강 입구 미휘리역에 도착했다. 이로써 금강산 수학여행이 시작되었다.

"대구사범학교 조선인 학생 여러분을 환영합니다."

태평여관에서 커다란 현수막을 들고 나와 학생들을 환영했다.

"이야, 조선인 학생이라고 썼네."

"일본 놈이 눈을 부릅뜨고 있는데 배짱 좋네."

학생들은 기분이 좋아 박수를 쳤다. 태평여관 주인은 학생들에게 친절했다. 박정희는 말로만 듣던 명산인 금강산을 구경한다고 생각하자 마음이 설레었다. 다음 날부터 학생들은 내금강을 두루 구경했다.

"제군들, 금강산의 비로봉毘盧峰은 높이가 1638미터에 이른다. 금강산은 동서 40킬로미터, 남북 60킬로미터의 광대한 지역에 분포되어 강원도의 고성군高城郡과 금강군金剛郡에 속한다."

인솔 교사가 학생들에게 금강산을 설명하기 시작했다. 박정희는 인솔 교사의 말을 들으면서 눈이 시리게 아름다운 첩첩연봉을 응시했다.

"금강산은 계절에 따라 그 아름다움이 달라 이름도 다르다. 누가 그 이유를 아는가?"

인솔 교사가 학생들을 향해 물었다.

"이유는 모르고, 이름은 알고 있습니다."

정형모가 말했다.

"그럼 말해보라."

"봄에는 금강산, 여름에는 봉래산, 가을에는 풍악산, 겨울에는 개골산이라 부릅니다."

"정형모 군이 정확하게 말해주었다. 그 이유는 이렇다. 온갖 꽃이 만발하고 만물이 소생하듯 약동하는 봄에는 금강산, 만산의 녹음이 유수幽邃하여 신선들이 산다는 여름에는 봉래산蓬萊山, 나무들이 온통 붉게 단풍드는 가을에는 풍악산楓嶽山, 낙엽이 져서 나무들과 기암괴석의 산체가 헐벗은 모습을 드러내고, 또 거기에 흰 눈이 내려 눈부신 눈꽃으로 단장하는 겨울에는 개골산 또는 설봉산雪峰山이라고도 부른다."

박정희는 인솔 교사의 말에 놀랐다. 그는 일본인이면서도 금강산에 대해 상세히 알고 있었다. 학생들은 설명을 들으면서 금강산을 구경하기 시작했다. 금강산은 동서남북 산줄기마다 산봉우리가 많았다. 일만이천 봉우리가 그림처럼 펼쳐졌다. 비로봉, 세존봉世尊峰, 영랑봉永郎峰, 월출봉, 일출봉, 차일봉遮日峰, 오봉산五峰山, 옥녀봉玉女峰 등을 차례로 구경했다.

"과연 우리 민족의 명산은 명산이다. 곳곳에 천태만상의 암주岩柱와 암대岩臺가 있고 단애斷崖가 있지 않은가?"

박정희의 친구 정형모가 감탄하여 말했다.

"어디 바위뿐인가? 기암괴석을 타고 흐르는 아름다운 폭포를 보게."

"나무도 천연의 원시림이야."

아름드리 소나무와 잣나무, 전나무, 단풍나무, 벚나무, 신갈나무, 떡갈나무 등이 울울창창한 숲을 이루고 있었다. 박정희는 내금강을 구경하고 저녁 늦게서야 일본인이 경영하는 구미산장에 도착했다. 친구들과 여관방에 누웠으나 좀체 잠이 오지 않았다. 박정희는 불빛 아래서 시를 썼다.

> 금강산 일만이천 봉, 너는 세계의 명산!
> 아! 네 몸은 아름답고 삼엄함으로 천하에 이름을 떨치는데
> 다 같은 삼천리강산에 사는 우리들은 이같이 헐벗었으니
> 과연 너에 대하여 머리를 들 수가 없다.
> 금강산아, 우리도 분투하야 너와 함께 천하에 이름을 빛내세

청년 박정희의 기개를 보여준다. 비록 가난한 조선의 소년이지만, 가슴에 품은 웅지를 시에서 찾아볼 수 있다. 이 무렵 철도는 수많은 지선이 건설되어 거미줄 같은 철로가 한반도를 관통했다.

거리는 부른다, 환희에 빛나는

회령 탄광을 개발하기 위한 회령탄광선(회령 - 계림), 풍산, 갑산 방면과 연결되는 북청선(신북청 - 북청), 이원철산의 광석을 반출하기 위한 철산선(나흥 - 이원철산), 천내리 시멘트 개발을 위한 천내리선(용담 - 천내리) 등이 개통되었다. 이는 만주와 소련을 경략하기 위한 군사적 목적과 함께 조선의 풍부한 지하자원을 수탈하기 위함이었다.

식민 치하에서 대부분의 조선인이 고통 받고 있을 때 철도로 근대화의 혜택을 누리는 사람도 있었다. 소위 모던 보이, 모던 걸로 불리던 이들은 금강산이나 경주로 여행가고, 해수욕장에서 피서를 즐겼다. 백화점에서 고급 옷을 사입는가 하면, 영화를 구경하고 기생집에서 주색잡기에 골몰한 한량도 있었다. 그들은 열차를 문명의 이기로 이용했다.

제3부
해방의 감격을 달리는 열차

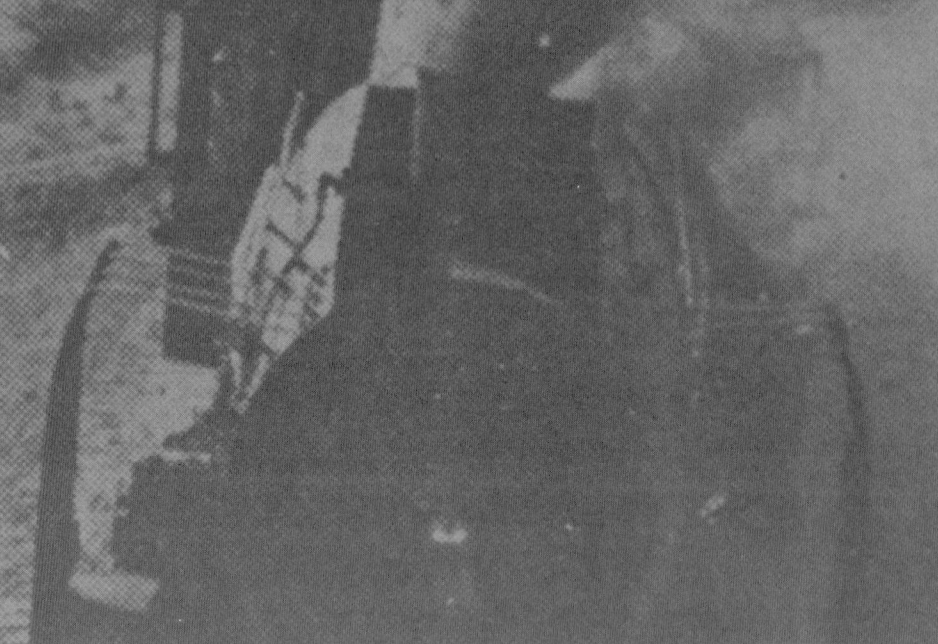

해방은 한국 사람이 준비되지 않은 상태에서 갑자기 찾아왔다.
그러나 일본인에게 온갖 탄압을 받고 고통을 당한 한국인에게
벅찬 감격이 아닐 수 없었다. 사람들은 환호하고 만세를 불렀다.
그러나 쟁취한 해방이 아니라
연합국에 의해 해방되면서
한국은 38선으로 국토가 분할되고,
남한에는 미군이, 북한에는 소련군이 진주해
동서 냉전의 결전 장으로 변하고 말았다.
그래도 해방은 잃어버린 빛을 되찾은 것이었다.
그 기쁨을 알리기 태극기를 휘날리며
전국 방방곡곡으로 열차는 달렸다.

죽은 이상,
기차를 타고 돌아오다

기적 소리를 길게 울리면서 기차가 달리기 시작했다. 부산의 낯선 풍경이 지나갔다. 변동림卞東琳은 그제야 깜짝 놀란 듯 유골 상자를 가슴에 보듬어 안고 차창을 무연히 응시했다. 죽은 뒤에 한 줌의 재로 남은 이상李箱(김해경). 이상이 이렇게 죽다니. 내 남편이 이렇게 죽다니. 변동림은 꿈을 꾸는 기분이었다.

덜컹덜컹.

기차는 북으로 북으로 달렸다. 차창으로 퇴락한 시골 마을과 강이 스쳐갔다. 비로소 창백한 얼굴을 타고 눈물이 흘러내렸다.

박제가 되어버린 천재를 아시오? 나는 유쾌하오. 이런 때 연애까지가 유쾌하오. 육신이 흐느적흐느적하도록 피로했을 때만 정신이 은화처럼 맑소. 니코틴이 내 횟배 앓는 뱃속으로 스미면 머릿속에 으레 백지가 준비되는 법이오. 그 위에다 나는 위트와 패러독스를 바둑 포석처럼 늘어놓소.

변동림의 머릿속에 이상과 함께 지낸 날들이 두서없이 스치고 지나갔다. 당신은 이제 영원히 내 기억 속에서 사라지지 않으리라. 젊은 문인들이 속절없이 죽어갔지만, 이상이 이리 허무하게 죽으리라고는 아무도 생각하지 못했다. 그가 죽었으니 나는 이제 과부가 된 것이겠지. 어쩌면 광기의 세상을 버겁게 사느니 죽는 편이 편안할지도 모르겠다고 생각했다. 그럼에도 몇 달 전까지 자신과 함께했던 배우자가 죽었다는 현실이 믿어지지 않았다.

이상중태급래동경요

도쿄에서 유학 중인 문인 아무개가 전보를 보내왔다. 전보를 받은 순간, 변동림은 이상의 죽음이 임박했음을 직감했다. 그가 신병을 치료하러 도쿄로 떠나갈 때 변동림은 경성역에서 전송했다. 함께 가고 싶었으나 병원비도 넉넉지 않은 상태라 두 사람분의 숙식비며 여비를 마련할 수 없었다. 그런 까닭에 수척하게 마른 이상을 혼자 떠나보내야 했다. 이상도 도쿄에 가면 글을 써서 여비를 마련할 생각이었다.

"꼭 건강해져야 해요. 나도 여비가 마련되는 대로 뒤따라갈 테니까요."

변동림은 이상의 손을 잡고 말했다. 플랫폼에는 궂은비가 을씨년스럽게 내리고 있었다.

"걱정하지 마. 나는 쉽게 죽지 않아."

이상은 손을 흔들고 기차에 올라탔다. 변동림은 플랫폼까지 따라 들어갔다. 이상이 창을 열고 내다보았다.

"꼭 병을 치료해요."

"걱정하지 말래두. 어서 들어가."

"떠나는 것을 볼테야요."

이상이 손을 내저었으나 변동림은 걸음을 돌리지 않았다.

뽀오옥!

기적이 울리고 기차가 덜컹대며 움직였다. 이상이 손을 흔들었다. 변동림도 빗속에서 점점 멀어지는 이상을 향해 손을 흔들었다. 이상하게 눈물이 흐르지 않았.

1936년 도쿄에 도착한 이상은 병원에 입원하는 대신 글을 쓰기 시작했다. '매문賣文'을 하여 병원비도 마련하고 변동림도 불러올 생각이었다. 그러나 1937년 1월경 이상은 사상 불온 혐의로 구속되었다. 경찰서 유치장에서 가혹한 조사를 받아 병이 악화되었다. 폐결핵 말기라는 진단이 떨어지자 일본 경찰은 그를 석방했다. 이 소식을 들은 도쿄에 있던 문우들의 도움으로 도쿄대학병원에 입원하지만, 그는 끝내 회복하지 못하고 변동림의 품속에서 눈을 감는다.

이상을 배웅하던 일이 엊그제 같은데, 지금은 이상의 유골을 가지고 돌아오고 있는 것이다.

뽀오옥!

기차는 부산 시가지를 빠져나오자 속도를 높여나갔다. 차창으로 산과 들이 지나갔다. 변동림은 이상을 처음 만나던 때를 생각했다. 이상은 이미 소설가로 명성을 떨치고 있었고, 이태준李泰俊, 박태원朴泰遠, 김기림金起林, 윤태영尹泰榮, 조용만趙容萬, 김유정金裕貞 등 쟁쟁한 문인들과 교분을 나누고 있었다.

변동림은 이상을 구본웅으로부터 소개받았다. 구본웅은 변동림의 이복 언니 변동숙의 의붓아들이다. 구본웅은 일본 유학을 다녀온 서양화가로 야수파 혹은 표현파로 불리던, 당시 화단의 이단아적인 존재였다. 그는 강렬한 색채를 사용해 친구인 이상의 초상화를 그리기도 했다.

변동림이 처음 이상을 보았을 때 그는 밤색 두루마기에 구두를 신고 있었다. 키가 크고 눈이 이글거리는 것처럼 강렬했다. 변동림은 이상이 마음에 들었다. 이상은 가끔 수줍은 표정으로 웃었다.

변동림은 이화여전에 다녔다. 이상은 때때로 그녀가 학교에서 돌아오는 길목에서 기다리고는 했다. 변동림은 그를 만나면 나란히 걸었다. 동소문 밖 어디쯤에서부터 방품림까지 무작정 걸었다. 한적한 시골 풍경은 낭만적이었다. 그때 여학생들 사이에서는 남자와 자유연애를 즐기는 일이 하나의 유행이었다. 마치 그것이 신여성의 상징처럼 여겨졌다. 변동림은 이상을 애인으로 생각했고, 친구들에게 애인이 있다고 자랑할 수 있어서 좋았다. 그들은 만나기만 하면 시골 길을 걸으면서 많은 이야기를 나누었다. 문학과 그림, 연극과 영화에 대해서 이야기했다. 달이 있는 밤은 휘영청 밝아서 좋았고 달이 없는 밤은 별빛이 가득해서 좋았다.

"우리 먼 곳으로 떠날까?"

이상은 한번씩 그렇게 물었다.

"좋아요."

변동림은 밍실이지 않고 내납했다.

"우리 정사情死를 할까?"

"좋아요."

변동림은 이상과 먼 곳으로 여행을 떠나는 것도 싫지 않았고, 그와 함께 죽는 것도 싫지 않았다. 이상은 달변가는 아니었으나 소설가이자 시인답게 지식 수준이 높았다. 그는 낮은 목소리로 이야기를 하고 변동림은 그의 이야기에 귀를 기울였다. 그렇게 몇 달 동안 변동림은 이상과 데이트했다.

"나하고 결혼할 거야?"

하루는 이상이 느닷없이 물었다.

"네."

변동림은 이번에도 망설이지 않고 대답했다.

"부모님에게 허락 받지 않아도 돼?"

"부모님이 알면 허락하지 않을 거예요."

"그럼 어떻게 하지?"

"어머니에게는 친구에게 갔다가 온다고 할 거예요."

변동림은 이상이 집을 얻으면 집을 나오기로 약속했다. 얼마 후 이상은 집을 얻었다고 변동림에게 말했다.

"그럼 집을 나올게요."

변동림은 웃으면서 말했다. 이튿날 변동림이 작은 가방 하나를 들고 약속 장소로 나갔다. 이상은 초조해 보였다.

"무슨 걱정 있어요?"

"동림이가 나오지 않을까봐 걱정을 했어."

"나는 약속을 하면 지키는 사람인데……."

"나 지난밤 한숨도 못 잤어."

이상은 잠을 자지 못해 눈이 충혈되고 초췌해 보였다.

"집이 어디에요?"

일부러 쾌활한 목소리로 물었다.

"동소문 밖에 있어."

이상이 앞서 걷기 시작했다. 변동림은 경쾌한 발걸음으로 그를 따라 걸었다. 벌판을 지나고 방풍림을 지나자 개울이 나왔다. 개울의 징검다리를 건너자 인가가 드문드문 있는 동리가 있었다. 이상이 얻은 집은 마을과 조금 떨어진 개울가에 자리했다. 방 하나와 대청마루, 부엌 건넌방이 있었다. 대문을 열면 곧바로 작은 야산이 보였다. 이상은 이미 간소한 살림도구를 마련해놓았다.

그렇게 변동림은 이상과 결혼했다. 그들은 낮과 밤을 가리지 않고 사랑을 불태웠다.

"아무래도 동경으로 가야 할 것 같아."

하루는 이상이 우울한 표정으로 말했다.

"동경에는 왜요?"

"말하지 않았지만, 나는 결핵 환자야. 도쿄대학병원에 가면 치료를 할 수 있을 거야."

이상은 변동림과 결혼한 지 4개월 만에 도쿄로 훌쩍 떠났다. 결혼하기 전에 이상이 폐결핵 환자라는 말을 들었으나 관심을 갖지 않았다. 이상은 기침을 하지도 않았고 각혈을 한 일도 없었다.

도쿄에서 온 전보를 받고 변동림은 부랴부랴 여비를 마련하여 경성역에서 기차에 올라탔다. 경성역에서 배웅한 지 엊그제 같은데, 그가 죽어간다니 도무지 믿을 수 없었다.

뽀옥!

기적 소리가 길게 울렸다. 변동림은 기도하듯 두 손을 꼭 잡았다. 끊임없이 덜컹거리는 기차 소리가 마치 이상의 죽음을 재촉하는 소리처럼 들렸다. 기차는 장장 12시간을 달려 부산에 닿았다. 변동림은 일본이 초행이었다. 부산에 도착하자 곧바로 관부연락선을 타고 시모노세키로 향했다. 그리고 시모노세키에서 요코하마로 가서 다시 기차를 탔다.

'내가 도착할 때까지 제발 살아있어주세요.'

변동림은 마음속으로 간절히 기도했다. 기차는 도쿄를 향해 쉬지 않고 달렸다.

날자. 날자. 날자. 한 번만 더 날자꾸나.
한 번만 더 날아보자꾸나.

변동림은 이상이 자신의 소설 〈날개〉에서처럼 다시 한번 날았으면 싶었다. 이상은 식민지 지식인으로 살아가는 것을 괴로워했다. 총독부에서 건축기사로 일했으나, 일본을 위해 일하는 것을 싫어했다. 그래서인지 그는 두루마기 입기를 좋아했다.

덜컹덜컹.

기차는 잠시도 멈추지 않고 달렸으나, 변동림의 마음은 기차보다 빠르게 도쿄로 달려갔다. 요코하마에서 도쿄까지는 기차로 24시간이 걸렸다. 도쿄역에서 내린 뒤에도 그녀의 귓전에는 여전히 기차의 굉음이 들렸다.

도쿄대학병원으로 찾아가자 이상은 다다미가 깔린 입원실에 초췌한 얼굴로 누워있었다.

"해경 씨······."

변동림은 중얼거리듯이 낮은 목소리로 이상을 불렀다. 그녀를 발견한 이상이 눈을 크게 떴다. 반가운 표정이었으나, 기운이 없어 입을 열지는 못하고 있었다. 이상의 손을 가만히 잡았다.

'아아, 어떻게 해야 이 사람을 살릴 수 있을까?'

변동림은 어떻게든 이상을 살리고 싶었다. 그러나 의사는 임종이 가까워졌다고 말하고, 너무 늦게 병원을 찾아왔다고 질책했다. 이상은 몇 번이나 눈을 떴다가 감았다.

"먹고 싶은 것이 있어요?"

변동림은 그의 귓전에 대고 낮게 속삭였다.

"천필옥의 멜론."

이상이 가느나란 목소리로 말했다. 변농림은 병원을 나와 천필옥에서 멜론을 사다가 깎아주었다. 그러나 이상은 멜론을 삼키지도 못했다. 연신 눈을 감았다가 떴다. 이상은 점점 의식이 희미해져가고 있었다.

"임종은 내일 아침 11시 정도가 될 것 같으니 집에 가서 자고 오시오."

의사가 말했다. 의사의 위압적인 태도에 변동림은 이상이 머물던 숙소로 가서 잠을 자고 아침 일찍 병원으로 갔다. 이상은 눈을 감고 있었다. 손을 잡자 희미하게 눈을 떴으나 초점이 없었다. 그리고 다시 눈을 감았다. 변동림은 그가 사망했다고 의사가 말할 때까지 하염없이 그의 손을 잡고 있었다. 그의 죽음이 알려지자 도쿄에 있는 문인들이 찾아왔다.

변동림은 그들과 함께 장례를 치르고 화장했다. 유골이 나오자 흰 보자기에 고이 싸서 다시 기차를 탔다. 이번에는 반대 여정이었다. 도쿄에서 요코하마까지 24시간 동안 기차를 타고, 연락선을 타고, 부산에서 다시 기차를 탔던 것이다.

뽀옥!

기차는 경성을 향해 느릿느릿 달렸다. 기차의 굉음이 쉬지 않고 귓전을 맴돌았다. 차창으로 남루한 조선의 풍경이 흘러갔다. 변동림은 넋을 잃은 듯 차창 밖을 내다보았다. 몇 번이나 눈을 감았다가 떴다. 이상을 처음 만나고 그와 함께 시골 길을 걷던 일이 머릿속을 스쳤다. 그와 살던 집에서 사랑을 나누고, 달빛 사이로 냇둑을 걸었던 일도 떠올랐다. 그런데 이제 그가 그녀의 품속에 있다. 한 줌의 재가 되어 그녀의 품속에 있었다.

기차는 12시간이 지나서야 경성역에 도착했다. 변동림은 이상의 어머니를 찾아갔다. 어머니는 아들의 유골을 보고는 통곡했다. 변동림은 이상의 어머니와 함께 며칠을 보냈다. 경성에서 도쿄로 가서 이상의 장례를 치르고 다시 경성으로 돌아오느라 그녀도 몹시 지쳐있었다. 거의 열흘 동안 제대로 잠을 자지도, 쉬지도 못했다. 변동림은 이상의 어머니 집에서 며칠 동안 잠만 잤다. 잠에서 깨어난 뒤에야 비로소 이상의 죽음을 신고하고, 그의 유골을 망우리 공동묘지에 안장했다. 정식으로 결혼하지는 않았기 때문에 비목에 묘주墓主 변동림이라고만 기입했다.

모던 걸,
꽃바람에 스러지다

기차는 낭만을 싣고 달린다. 여행 떠나는 사람의 설레는 가슴을 싣고 달린다. 하루에도 몇 만 명씩 사람들의 사연을 안고 기차는 달린다. 1930년대가 되면 기차는 조선인의 일상적인 교통수단이 된다. 사랑하는 사람을 만나기 위해, 유학을 가기 위해, 돈을 벌기 위해, 조선에서는 도저히 살 수 없어서 신천지 간도로 떠나기 위해, 꽃구경을 하기 위해, 해수욕장으로 피서를 떠나기 위해, 금강산이나 경주로 수학여행을 떠나기 위해 기차를 탔다.

조선인이 교통수단으로 기차를 이용할 때, 일본은 식민지 조선의 물자를 수탈해갔다. 압록강변의 울창한 목재와 광물자원을 채취해 일본으로 실어가고, 호남 지방에서는 쌀을 일본으로 날랐다. 강원도와 함경도에서는 석탄을 실어갔다.

기차가 문명의 이기였음은 분명하지만, 죽음의 도구이기도 했다. 1929년 미국에서 발생한 대공황이 일본까지 휩쓸자 그 여파가 조선에도 미쳤다. 일본에서 일하던 무수한 노동자가 해고되어 조선으로 돌아오고, 쌀값은 폭락했다. 이로 인해 일본인 지주와 조선인 소작농 사이에 소작쟁의가 빈발했다. 공장이 문을 닫아 실업자가 넘치고 생활고에 시달려 목숨을 끊는 사람이 속출했다. 가난 때문에 유리걸식을 하고, 딸을 팔았다. 그녀들은 조선에서 중국으로까지 팔려가 인간 이하의 취급을 받았다. 1925년 8월 5일자 〈동아일보〉 기사다.

> 안동현에 있는 중국인 정이업의 집에서 요사이 열두셋 된 조선인 소녀 두 명이 무지한 중국인에게 무수한 매와 갖은 고초를 다 겪어 몸에 뼈만 남아있는 것을 그 근방에 있는 조선 사람이 발견하였는바, 이 소문을 들은 〈조선일보〉와 본사 지국 기자의 주선으로 안동현 일본 영사관 경찰서에서 임시로 취조했다. '은순'이라는 소녀는 경찰의 허락을 받아 한성여관에 보호하고 '금순'이라는 소녀는 정이업의 안해가 눈치를 채고 진강춘이라는 중국인 요릿집에 숨겨놓은 것을 찾아 취조를 한 후 한성여관에 보호코자 하였으나 그동안에 어린 마음을 무엇으로 꾀었는지 중국인에게로 가서 살겠다는 뜻을 밝혀 하는 수 없이 아직 그대로 두었는데 그 두 소녀는 모두 얼마씩 되지 않는 돈에 팔려온 것이라고 하며 두 소녀의 원적지와 부모는

다음과 같다 하더라.

또 많은 조선인이 생활고를 비관하여 철도에 뛰어들어 자살했다. 문명의 이기가 자살의 도구가 된 것이다. 그때까지 널리 쓰이던 자살 방법은 칼로 찌르거나 음독을 하거나 목을 매는 일이 고작이었다. 그런데 이제는 철로에 뛰어들어 숨을 끊었던 것이다. 1924년 10월 19일 〈동아일보〉기사다.

> 진위군 병남면 신대리 김윤서의 맏아들 김정덕은 지난 15일 오선 11시경에 경부선 평택 서정리에서 부산행 기차에 뛰어들어 자살을 하였는데 원인을 들으니 원래 가세가 빈한하여 남의 토지를 소작으로 근근이 지내오던 중 설상가상으로 금년 농사가 가뭄으로 인하여 추수할 것이 없어 많은 식구를 거느리고 살아갈 길이 망연하야 그만 세상을 비관하여 죽은 것인데(……)

바야흐로 1930년대는 모던 보이와 모던 걸의 시대. 모던 걸로 불리는 신여성은 자유연애를 구가하고 동성애도 서슴지 않았다. 자유연애를 내세웠으나 남성과의 연애는 쉽지 않았다. 그녀들은 자연스럽게 동성과 어울렸다. 춘원 이광수의 부인 허영숙은 진명여학에 다닐 때 같은 학교 학생인 김경희, 배영순과 동성연애를 했다. 그리고 경의선 상행선에 나란히 투신한 두 신여성도 역시나 동성연애를 하다 동반 자살을 택한 것이었다.

> 홍수紅愁와 녹한綠恨을 실은 춘풍春風!
> 청춘靑春
> 양兩여성 철도 정사情死
> 작일 오후 3시 영등포역 부근에서

1931년 4월 10일 〈동아일보〉가 대서특필한 내용의 기사 제목이다. 20세를 전후한 신여성 2명이 달리는 기차에 몸을 던져 자살한 사건은 경성을 뒤흔들었다. 무엇보다 꽃다운 나이의 두 신여성이 기차에 뛰어들어 목숨을 버렸다는 사실이 매우 충격적이었다. 그녀들의 시체는 갈기갈기 찢겨 유서도 찾을 수 없었다.

> 때는 바야흐로 만화가 방창하다는 새 봄빛에 때 아닌 봄눈이 거칠게 나린 바로 뒤, 산과 들에 가득 비치우는 어제 8일 오후 4시 45분. 곳은 할미꽃이 고개를 숙이고 새 잎잔디 푸릇푸릇한 교외 영등포 정거장에서 오류동 쪽으로 2킬로미터쯤 떨어진 경인선 철로 지점.
> 이곳에서는 20세 전후의 묘령 여자 두 명이 무참하게도 인천을 떠나 영등포역으로 들어오는 제428열차에 뛰어들어 철도

자살을 하였다.

현장에는 유서로 남긴 글씨가 없고 이미 죽은 사람은 입을 다물었으니 이들이 누구인지, 꽃다운 목숨을 손수 끊지 않으면 안 될 이유가 무엇인지 알 길이 없으되 오직 함께 박힌 사진 한 장만이 두 사람의 생전에 교분이 두터웠음을 말하고 있을 뿐이다.

그러나 봄바람에 덧없이 날리는 봄치장 의복의 스커트 자락이 두 여자가 얼마나 귀여운 가정에서 자라난 학생이 아니면 학교를 바로 마칠까 말까한 신여성인 것을 시름없이 말하고 있다.

〈동아일보〉에 실린 위 기사는 다분히 문학적이다. 신문이 나오자 경성은 발칵 뒤집혔다. 이들의 옷차림으로 보아 범상치 않은 집안의 딸이라는 사실을 알 수 있었다. 그녀들에 대한 갖가지 소문이 난무하고 동정 여론이 빗발쳤다.

〈동아일보〉도 처음에는 두 여성의 신원을 밝히지 못했으나, 그날 밤 두 여성의 집에서 낸 실종 신고로 신원이 밝혀졌다. 홍옥임은 세브란스병원 의사인 홍석후의 딸이고, 김용주는 덕흥서림 집안의 딸이다. 홍석후는 조선인 최초로 의사 면허를 취득한 일곱 명 가운데 한 사람이며, 덕흥서림 또한 경성에서 알아주는 부호였다. 이들 신원이 밝혀지자 경성은 다시 한번 충격에 빠졌다. 〈별건곤別

乾坤〉,〈삼천리三千里〉 등 당시 월간지에서 일제히 특집으로 다루었고, 이들이 다니던 학교도 연일 화제가 되었다.

김용주와 홍옥임은 동덕여자고등보통학교를 함께 다닌 친구 사이였다. 김용주는 덕흥서림의 장녀로 얌전하고 공부를 잘해서 여학생 사이에 인기가 많았다. 홍옥임은 외동딸로 귀여움을 받으며 걱정 없이 자라던 소녀였다.

1929년 김용주가 3학년 때였다. 김용주의 아버지는 여름방학이 되자 그녀를 자퇴시키고 마포 부호의 아들 심종익에게 시집 보내기로 결정했다. 김용주에게는 청천벽력과 같은 일이었다.

"아버지, 나는 사랑이 없는 결혼은 할 수 없어요."

김용주는 한사코 결혼하지 않겠다고 말했다.

"사랑은 무슨 사랑이냐? 시집가서 애 낳고 살면 저절로 사랑은 생기는 법이다."

김용주의 아버지는 완강했다.

"그러면 학교라도 마치게 해주세요."

"그러다가 좋은 신랑감 다 놓친다. 여자가 많이 배워서 뭘 해? 글자나 읽으면 족하지."

김용주는 결국 아버지의 강요에 못 이겨 결혼하고 말았다. 학교 여학생 사이에서 인기가 좋았던 김용주를 홍옥임도 우상처럼 바라보았는데, 그녀가 그렇게 훌쩍 결혼한 것이다.

열일곱 어린 나이였으나 그녀는 자신의 마음을 정확히 알고 있었다. 그녀는 남편을 사랑하지 않았다. 신랑 심종익도 김용주에게 사랑을 느끼지 못했다. 그러던 차에 휘문고보 1학년이던 심종익이 일본으로 유학을 떠난다. 어려서 시집살이를 시작했으니 자유로운 학창 시절로 오죽 돌아가고 싶었겠는가.

"아버님, 학교를 졸업하게 해주세요."

김용주는 시아버지에게 학교에 보내달라고 청했다.

"결혼을 했으면 마땅히 살림을 배워야지 무슨 학교냐?"

시아버지가 펄쩍 뛰면서 반대했다. 김용주는 시아버지의 반대를 무릅쓰고 복학을 시도했으나 기혼자라는 이유로 학교로부터 거부당했다.

'결혼한 여자는 공부조차 할 수 없다는 말인가?'

김용주는 깊은 절망에 빠졌다. 일본으로 유학을 떠난 남편은 일 년 만에 집에 돌아왔으나 주색잡기에 골몰했다.

한편 홍옥임은 의사의 딸로 부족한 것 없이 학교에 다녔다. 그녀는 동덕여자고등보통학교를 졸업하자 이화여전에 전학했다. 아버지 홍석후가 미국 유학까지 다녀온 인텔리 의사라 그녀는 부유하고 근대적인 가정 분위기 속에서 성장했다. 독실한 기독교 신자였기 때문에 일요일에는 교회에 나가서 예배를 보고 피아노를 쳤다. 외동딸을 유난히 사랑했던 홍석후는 딸이 원하는 것은 무엇이든 들어주었다. 풍족한 용돈으로 여학생 신분임에도 백화점을 돌아다니며 화려한 옷이나 장신구를 거리낌 없이 사들였다. 카페에

출입하고 다방에서 차를 마셨다. 홍석후의 지나친 사랑이 딸을 편벽한 성격으로 만들었다. 홍옥임은 교만하고 자기중심적으로 자란 소녀였다.

김용주가 신랑의 외도로 절망에 빠져있을 때 홍옥임이 선물을 사들고 나타났다.

"어머, 이 시계는 어디서 샀니?"

김용주가 기뻐하면서 손목에 시계를 찼다.

"백화점에서 샀어. 미국 영화 배우가 찬 시계랑 똑같은 거야."

홍옥임은 김용주가 반색하자 만족했다.

"대단하구나. 이런 걸 선물하다니……."

"너는 이제 나하고 사귀는 거야."

"그래. 우리 둘이 사귀자."

김용주가 웃으면서 대답했다. 김용주와 홍옥임은 그때부터 경성 시내를 돌아다니면서 모던 걸 노릇을 했다. 제과점에서 생과자를 사먹고, 백화점에서 화려한 옷을 구입했다. 골목을 지나갈 때는 둘이서 포옹을 하기도 하고 어깨를 감싸안기도 했다.

동시에 홍옥임은 휘문고보 5학년에 다니는 남학생을 좋아하고 있었다.

"어쩌면 그렇게 친절하고 젠틀한 사람인지 몰라."

홍옥임은 그를 열렬히 사랑했다. 그러나 그녀의 사랑은 이루어지지 않았다.

저로 하여금 당신의 무릎에 울게 하여주세요.
아하, 이도 바랄 수 없을네라. 외로이 물러설 뿐.

월간 〈삼천리〉는 '실낙원'이라는 제목으로 기사를 실은 뒤, 홍옥임이 죽기 며칠 전 연애하던 남학생에게 보낸 편지를 공개했다. 사랑하는 남자의 무릎에 얼굴을 묻고 울고 싶으나, 이마저 거절하니 외롭게 물러선다는 내용이었다. 실연의 고통은 홍옥임을 비참하게 만들었다. 이제 그녀에게는 아낌없는 사랑을 주는 아버지 홍석후와 김용주뿐이었다.

그 무렵 그도록 믿었던 아버지가 모던 걸과 연애를 하고 있었다는 사실이 알려지면서 집안에 어두운 구름이 드리워진다. 홍옥임은 김용주와의 사랑에 더욱 매달렸다. 정신적인 교감을 주고받던 그들은 하루라도 만나지 않으면 견딜 수 없을 정도로 사랑했다. 홍옥임은 아버지에게, 김용주는 남편에게 실망했다. 두 사람은 세상을 하직하기로 결심했다. 정사를 하는 것도 시대의 유행이었다.

"세상이 허무해. 죽어버리면 모든 번민이 사라져버리겠지."

홍옥임은 김용주를 만날 때면 죽어버리겠다는 말을 곧잘 했다. 친구들에게도 주저 없이 그런 말을 했다. 김용주도 남편에게 실망하고 있을 무렵이라 서로 동정했다.

1931년 3월 어느 날, 홍옥임과 김용주는 한강에서 자살을 시도했다. 그러나 물가에 있던 사람이 그들을 발견하는 바람에 실패로 끝났다. 집에서는 그녀들의 자살 시도를 전혀 몰랐다. 홍옥임과 김용주는 한 달 안에 다시 자살하기로 약속하고, 기차를 타고 돌아다니면서 마음껏 세상을 즐겼다. 백화점에서 쇼핑을 하고, 영화 구경을 하고, 다방에 가서 커피를 마시면서 속살거리기도 했다. 사진관에서 다정하게 사진을 찍기도 했다.

1931년 4월 8일 수요일이었다. 홍옥임은 학교에 가지 않았다. 어머니가 깨우자 세수를 마친 그녀는 화장을 했다.

"학교에 갈 아이가 무슨 화장을 하고 그러니?"

어머니가 의아하여 홍옥임에게 물었다.

"오늘은 수업 없어요."

홍옥임은 어머니의 질문에 거짓으로 대답하고 조지아백화점(미도파백화점의 전신)에서 새로 산 실크 양장을 골라서 치장했다. 날씨는 좋은 편이 아니었다. 밖은 눈보라가 치고 있었다. 오전 10시가 넘었을 때 김용주가 집으로 찾아왔다. 김용주도 화사한 블라우스와 검은색 스커트 차림이었다.

"엄마, 우리 놀러 나가요."

홍옥임이 외출 준비를 마치고 어머니에게 말했다.

"아니, 점심때가 다 됐는데 밥이나 먹고 나가지."

"나가서 먹을게요. 우리 바빠요."

오전 11시가 되자 홍옥임과 김용주는 바쁜 일이라도 있다는 듯 서둘러 집을 나섰다. 그리고 그녀들은 5시간이 지난 오후 4시 45

분, 달리는 기차에 몸을 던졌던 것이다.

인생의 생활은 헛됩니다. 헛된 인생의 그날그날이 시들합니다. 그리하야 여식은 이승의 길을 떠나 저승으로 영원한 죽음의 길을 떠나갑니다.

홍옥임이 남긴 유서다. 그녀들의 시신은 형체를 알아볼 수 없을 정도로 훼손되었다.

그러나 두 분의 앞에는 낙원이 문을 굳이 닫고 열어주지 않았다. 아름다운 용모, 젊은 청춘, 호화로운 명문의 집 따님이라는 지위조차도 모두 보잘것없는 물건이 되어 그는 끝끝내 사랑을 잃은 외기러기가 되었다. 실연의 그물에 빠진 그의 갈 길은 무덤뿐이었다. 그때 이 무덤의 문을 같이 두드리려고 일어난 동무가 있었으니 그가 즉 김용주 양이었다. 철로 길 둑에 흩어진 두 젊은이의 피, 그는 낙원을 찾다가 찾지 못하고 바람에 사라진 두 떨기의 꽃이었다.

〈삼천리〉의 기록이다. 〈삼천리〉는 두 젊은이가 낙원을 찾아 헤매다 결국 시커먼 무덤 속으로 들었다고 기록했다. 이들에게 낙원은 무엇인가. 그것은 사랑일 수도 청춘의 자유일 수도 있으리라.

"조센징은 삼등칸에 타라!"

기차는 조선인의 삶의 양상을 바꾸어놓았다. 경부선과 경의선 같은 본선에 이어 지선支線까지 개통되면서 학생들이 기차로 통학하게 되었다. 인천에서 경성으로, 진남포에서 평양으로, 나주에서 광주로, 중소도시 학생들이 기차를 타고 대도시에 있는 학교를 다녔다. 통학 열차는 이제 하나의 일상이었다. 또 다른 변화도 있었는데, 예전과는 비교할 수도 없을 정도로 많은 일본인이 조선으로 몰려왔다는 점이다. 대도시마다 일본인이 다니는 학교가 세워지고, 일본인과 조선인은 어쩔 수 없이 한데 어울려 살게 되었다. 그러나 일본인은 일등 국민, 조선인은 이등 국민이라는 차별은 극심했다. 열차도 마찬가지였다. 일본인은 일등실과 이등실을 이용했고, 조선인은 삼등실을 썼다. 이것은 극히 작은 부분에 불과했다. 조선인은 마음속 깊이 일본인을 증오하며 울분을 쌓아갔다.

뽀오옥!

1929년 10월 30일 오후 5시 30분, 광주에서 나주를 왕복하는 통학 열차가 긴 기적 소리를 울리며 나주역에 도착했다. 광주여자고등보통학교에 다니던 박기옥과 이광춘은 기차가 멎자 서로 손을 잡고 내렸다. 그녀들은 재잘대면서 개찰구를 빠져나가고 있었다. 그때 이등실에서 내린 일본인 중학생 후쿠다 등이 박기옥의 뒤를 따라오다가 댕기 머리를 잡아당겼다.

"조센징은 왜 댕기 머리를 하고 있는가? 우리가 잡아당기기 좋지 않은가?"

후쿠다의 말에 박기옥의 얼굴이 하얗게 질렸다. 일본 중학생들이 일제히 야비하게 웃었다. 마침 뒤따라 나오던 박기옥의 사촌 동생 박준채가 이 모습을 보았다. 박준채는 사촌 누나가 일본 학생에게 희롱당하자 분노했다.

"뭣 하는 짓이야? 왜 여학생의 머리를 잡아당겨?"

박준채가 달려가 일본인 중학생에게 소리 질렀다.

"조센징 학생의 머리를 잡아당긴 게 무슨 잘못이지?"

후쿠다가 거드름을 피우면서 박준채를 쏘아보았다.

"뭐야? 네 머리를 잡아당기면 좋겠어? 건방진 소리 말고 당장 사과해."

"사과? 어림없다. 일본인이 조센징에게 사과하라는 말인가?"

일본인 중학생과 박준채가 옥신각신하자 양쪽 편 학생들이 우르르 몰려왔다. 일본인 학생은 50명쯤 되었고 조선인 학생은 30명 남짓이었다. 그러잖아도 일본인에게 불만이 많았던 조선 학생들이었다. 격하게 언쟁을 벌이다가 이내 집단 난투극이 벌어졌다.

"오잇! 멈춰라!"

그때 일본 경찰이 달려왔다. 그들은 조선인 학생만 일방적으로 구타하고 강제로 해산시켰다. 일본 경찰에 구타를 당한 학생들은 분개했다. 그동안 일본인에게 차별과 멸시를 받은 일을 꺼내들며 이대로 묵과할 수 없다고 일제히 소리 높였다. 그러나 마땅한 방법을 찾지 못하고 그날은 일단 헤어졌다. 나주 사람들은 여학생이 일본 학생에게 보욕을 당했다는 사실을 전해 듣고 분개했다. 소문은 사람들의 입을 통해 빠르게 퍼져나갔다. 공기는 흉흉했다.

10월 31일, 나주에서 광주로 가는 통학 열차에서 작은 소란이 있었으나 큰 충돌은 없었다. 일본인 학생과 조선인 학생이 서로에게 야유를 보냈다.

"일본 학생이 조선인 학생을 모욕했다."

열차에서 일본인 학생과 조선인 학생 사이에 시비가 붙었다는 소문이 광주 시내 각 학교에 퍼졌다. 조선인 학생들은 흥분하여 일본인 학생들에게 본때를 보여주어야 한다고 소리쳤다. 상황이 점점 악화되었다. 오후가 되고 각 학교가 파하자 조선인 학생과 일본인 학생은 나주행 통학 열차에서 또다시 부딪쳤다. 다시 실랑이가 벌어졌다.

"학생 놈들이 또 싸움질이야? 이리 따라와!"

일본인 차장이 박준채와 한국인 학생 무리를 이등실로 끌고 가 욕설을 퍼부었다. 이등실은 일본인 승객이 대부분이었고, 그들도 차장과 합세하여 박준채와 조선인 학생들을 비난했다. 박준채와 조선인 학생들이 차장과 일본인에게 모욕을 당했다는 사실이 또다시 알려지면서 나주 지역의 민심은 사나워졌다.

"일본인이 조선 학생들을 차별하고 있다."

"이대로 물러나면 조선인 학생들은 일본인 학생의 노예가 된다."

나주 지역 학생을 중심으로 일본인 학생과 맞서 싸워야 한다는 주장이 힘을 얻었다. 이에 광주 지역 학생도 일본인 학생이 걸핏하면 조선인 학생을 모욕한다는 데 동감을 표시하고 같이 행동하기로 결의했다.

"조선인 학생이 일본인 학생을 공격하려고 한다. 조선인 학생을 공격하라!"

일본인 학생도 조선인 학생의 공기가 심상치 않음을 눈치 채고 선수를 쳤다.

11월 1일 오후, 나주로 향하는 통학 열차가 출발하기 직전 일본인 광주중학생 30여 명이 광주역으로 몰려왔다. 그들은 조선인 학생을 만나면 닥치는 대로 구타할 참이었다.

"조센징이 오면 무조건 공격하라!"

일본 학생들이 눈에 핏발을 세우고 소리 질렀다.

"왜놈들이 조선인 학생을 공격하려고 한다."

광주고보에 다니던 조선인 학생 20여 명이 차에서 내려 광주중학생들과 대치했다.

"왜놈은 물러가라!"

"조센징이 건방지게 우리에게 대항하려 하는가?"

학생들은 점점 불어났다. 이에 두 학교의 교사, 역무원, 경관이 달려와 해산시켰다.

다음 날 충돌은 없었으나 단독 외출은 삼가야 할 정도로 분위기가 험악했다. 조선인이나 일본인이나 무리 지어 등·하교를 하지 않으면 위험한 상황이었다. 11월 3일 마침내 광주 시내 수기옥정須奇玉町 우편국 앞에서 싸움이 벌어졌다. 오전 9시, 일본인 중학생들이 역을 봉쇄했다. 그들은 나주 지역에서 등교하던 조선인 학생들과 대치하다가 마침내 싸움이 시작되었다. 학생들은 몽둥이를 휘두르고 주먹질을 하면서 한데 엉켜 치고받았다. 일본과 조선 학생들의 집단 충돌로 광주역 일대가 순식간에 아수라장이 되었다. 소식을 듣고 합세한 광주중학교 일본인 학생들이 목검으로 무장하고 광주고보 학생들을 공격했다.

"놈들이 목검으로 공격하니, 우리는 몽둥이로 싸우자."

조선인 학생들은 장작과 몽둥이를 주워들고 맞섰다. 그러자 경찰이 달려왔다.

"학교로 돌아가라! 돌아가지 않으면 체포한다!"

경찰이 몰려오자 광주고보 학생들은 학교로 돌아와 강당에서 사후 대책을 논의했다. 만장일치로 가두시위를 결정한 조선인 학생들은 오후 2시 거리 행진에 나섰다. 상급생이 앞장서고 하급생이 뒤따랐다. 김향남, 김보섭, 김상환, 강윤석, 김무삼 등 기골이 장대한 학생들이 선두에서 대열을 이끌었다. 광주농업학교 학생들이 교문 밖에서 기다리고 있다가 박수로 환호하며 행렬에 합류했다.

"조선 독립 만세!"

일본인 학생과의 싸움은 어느새 조선 독립 투쟁으로 바뀌었다.

"일본 제국주의 타도하라!"

학생들은 구호를 외치면서 가두 행진을 벌였다.

"광주중학 타도하라!"

약 300명의 시위 행렬은 몽둥이, 삽, 곡괭이 등으로 무장하고 대오를 편성하여 거리로 나섰다. 광주 시민들은 각목이나 장작을 가져다주며 격려하는 등 학생들의 시위를 적극적으로 지원했다. 사태가 심각해지자 광주중학 일본인 학생들이 물러갔다.

오후 5시가 되자 학생들은 시위를 멈추고 일본인 학생들의 습격을 우려해 집단을 이루어 귀가했다.

"학생들의 패싸움이 독립운동으로 변질되었다. 주모자들을 모조리 구속하라."

11월 4일 일본은 광주고보와 광주중학교에 3일간 휴교령을 내리고 대대적인 검거에 들어갔다. 그들은 조선인 학생 70여 명을 구속하고 가혹하게 고문했다. 일본인 중학생 7명도 구속했으나 곧 전원 석방했다. 조선인이 다니는 학교에는 휴교령이 내려지고 조선총독부는 광주 학생 독립운동에 관한 보도를 금지시켰다.

"일본 학생은 모두 석방하고, 우리 조선 학생만 구속했다. 우리 조선 학생들을 석방시키자."

11월 11일 휴교령이 해제되자, 12일 학생들이 또다시 대규모 시위를 감행했다. 일본의 탄압과 불공평한 처사를 비난하고 구속된 학생의 석방을 요구했다. 학생들은 격문을 뿌리고 구호를 외치며 시가지를 누비고 광주형무소를 향해 행진했다.

"조선인 학생들을 석방하라!"

"일본은 물러가라!"

학생들은 목이 터져라 외쳤다. 거리의 시민들이 학생들을 향해 박수를 보냈다.

"철창에서 신음하는 동포 학생들을 구합시다!"

광주농업학교 학생들도 구호를 외치며 시가행진을 했다. 광주 학생들의 시위는 전남 지역으로 확대되었다. 전남 지역 조선인 학생들은 광주 학생들의 시위를 지지하면서 전국 학생의 동참을 호소했다. 11월 3일 촉발된 조선인 학생의 시위는 한 달 동안 집요하게 계속되어 마침내 12월에는 서울에서도 대규모 시위가 일어난다. 개성, 인천, 평양, 원산 등으로 급속하게 퍼져나갔고, 1930년 1월에는 읍면 지역의 학생과 보통학교 학생까지 참여하게 되었다.

광주 학생들의 시위는 학생운동의 새로운 양상을 보여주었다. 시험 거부와 백지동맹, 동맹휴학, 격문 살포, 교내 시위, 가두시위를 벌이면서 일본 식민지 지배 권력과 정면으로 충돌했다. 그들은 단순히 차별 철폐만을 요구한 것이 아니라, 민족의 독립까지 주장하여 학생운동을 독립운동으로 승화시켰다.

야망과 광기를 싣고 달리는 열차

일본은 1937년에는 중일전쟁을, 그리고 1941년에는 태평양전쟁을 일으켰다.

1935년부터 일본은 화북 분리 공작華北分離工作을 통해 갈등을 조장하고 이를 이용해 중국을 통치하려 했다. 중국은 항일 민족 통일전선을 결성하여 대항하고자 했다. 이에 일본은 중국이 통일전선을 구축하기 전에 전쟁을 확대한다. 1937년 7월 7일, 루거우차오 사건蘆溝橋事件(베이징 교외의 루거우차오 부근에서 일어난 중국군과 일본군의 충돌 사건)이 일어나자, 관동군關東軍을 중심으로 한 일본 육군의 강경론자들이 소련 참전을 경계하는 온건론자들의 반대를 물리치고, 8월 13일 상하이를 맹렬하게 폭격하면서 중국을 침략했다.

전투기와 함대 수십 대를 동원했고 수십만 명에 이르는 군대를 투입했다. 그들은 상하이와 쑤저우蘇州를 순식간에 점령하고, 국민당 정부가 있던 난징으로 나아간다. 중국인의 저항은 미미했다. 일본군은 불과 4개월 만에 난징南京까지 진격하여 중국인 30만 명을 학살했다. 일본인은 전쟁의 광기에 휩싸였다. 그들은 일본군이 중국인의 목을 베는 모습을 신문에 대대적으로 보도해 충격을 주었다.

시바다 부대의 노다, 무카이 두 병조장이 각각 두 패로 나누어 부하 몇 명을 거느리고 적의 최전선 가까이에 이르렀을 때 빈집으로 보이던 농가에서 갑자기 변장한 적들이 잇달아 피스톨을 발사하며 달려왔다. 그중에는 지나支那(중국) 정규군도 섞여있었다.

"어디 두고 보자."

두 병조장은 부하들을 지휘하여 맹렬하게 공격하였다. 용감무쌍한 우리 병사들은 닥치는 대로 적병을 사로잡아 왔다. 두 병조장은 용감하게 적진 속으로 달려 들어가 군도를 뽑아 들고 닥치는 대로 적병을 베었다. 마침내 노다 조장은 적병 4명의 목을 베었고 무카이 조장은 16명의 목을 무 자르듯이 잘랐다.

21일 아침 본 기자가 시바다 부대를 찾아갔더니 마침 노다, 무카이 두 병조장이 최전선 출동을 앞두고 사이좋게 나란히 앉아서 쉬고 있었다. 두 병조장은 칼집에서 칼을 뽑아 나에게 보여주었다. 얼음처럼 싸늘한 칼날에는 아직도 끈적거리는 중국인의 피가 묻어있었다. 두 병조장의 칼에는 칼을 벼린 사람의 이름이 적혀있지는 않았지만 상당히 좋은 칼이었다. 16명씩이나 적의 모가지를 잘랐는데 한 군데도 이가 빠지지 않았다.

"중국 군인들은 마치 무나 무청 같아서 아무리 베어도 팔이 아프지가 않다. 이런 정도라면 전쟁이 끝날 때까지 100명 이상은 베어버릴 수 있을 걸……."

두 병조장은 사나이답게 호쾌하게 웃으며 자리에서 일어나더니 다시금 전선을 향해 떠났다.

1937년 8월 21일자 상하이발 특파원이 작성한 이 기사는 도쿄 〈아사히신문〉 8월 22일자에 실렸다. 두 병조장은 신문에 보도된 이후에 충용무쌍한 황군의 귀감이 되었다고 하여 소위로 특진되었다.

일본 군국주의자들은 광기에 휩싸였다. 그들의 광기는 조선에도 휘몰아쳐왔다.

독일이 오스트리아와 폴란드를 침공한 데 이어 프랑스까지 진격하자, 당시 프랑스령이던 인도차이나 반도를 접수한 일본은 금수禁輸 조치를 통해 압박을 가하던 미국에 맞서 진주만 기습을 감행하여 태평양전쟁을 일으켰다. 그러나 일본의 진주만 기습은 전쟁 참여를 주저하던 미국에게 명분을 제공한 것이나 다를 바 없었다.

미국은 일본을 맹렬하게 비난하고, 즉각 선전포고했다. 미국의 개입은 제2차세계대전의 양상을 송두리째 바꾸어놓았다. 그동안 영국을 비롯한 유럽을 지원만 하던 미국은 곧장 전쟁터로 막대한 군수물자와 청년들을 내보냈다. 독일은 소련을 침공했으나 나폴레옹이 그랬듯 히틀러가 보낸 독일군도 소련의 맹렬한 추위와 소개 작전의 수렁에 빠졌다. 미국은 영국을 원조하면서 독일군과 맞섰다.

일본은 중국에서의 전쟁이 고착되었다. 중국을 지배하려면 수백만 군대가 필요했다. 일본은 점點과 선線으로 군대를 주둔시키고 작전을 전개했다. 게다가 소련이 언제 만주 쪽으로 진공할지 알 수 없어서 관동군사령부를 설치하고 수십만 군대를 유둔留屯시켰다. 일본의 국력은 한계에 부닥쳤다. 동남아시아를 침략하느라 막대한 군대와 군수물자를 동원한 탓이다.

일본은 이 전쟁에 조선인까지 동원했다. 먼저 일본에서 유학하던 학생들을 강제로 징집했다. 처음에는 지원하는 모양새를 취했으나 나중에는 형사들이 따라다니면서 학도병에 지원하라고 강요했다. 그들은 일정한 군사훈련을 받은 뒤 만주와 동남아시아로 끌려갔다.

> 내가 향산이라고 씨를 창설하고 광랑이라고 일본적인 명으로 개한 동기는 황송한 말씀이나 천황 어명과 독법을 같이하는 씨명을 가지자는 것이다. 나는 깊이깊이 내 자손과 조선

민족의 장래를 고려한 끝에 이리하는 것이 당연하다는 굳은 신념에 도달한 까닭이다. 나는 천황의 신민이다. 내 자손도 천황의 신민으로 살 것이다. 이광수라는 씨명으로도 천황의 신민이 못 될 것은 아니다. 그러나 가야마 미쓰로가 좀 더 천황의 신민답다고 나는 믿기 때문이다.

독립운동 선언서를 기초한 이광수는 친일파로 변절했다. 그는 해방 후 여러 가지 변명을 늘어놓았으나 스스로 '천황의 신민'이라고 말한 것은 변명의 여지가 없다. 자신의 성과 이름을 가야마 미쓰로 香山光郎(향기로운 산의 광명한 사람이란 뜻)로 바꾸고 천황의 신민답다고 말했다.

일본은 국민 총동원령을 내리고 청년들은 군대로, 장정들은 징용으로, 여자들은 정신대로 끌려갔다.

조선의 학도여 그대는 벌써 지원하였는가—특별 지원병을
내일 지원하려는가—특별 지원병을

공부야 언제나 못 하리
다른 일이야 이따가도 하지만은
전쟁은 당장이로세
만사는 승리를 얻은 다음 날 일

일승패의 결정은 지금으로부터
시각이 바쁜지라 학교도 쉬네
한 사람도 아쉬운지라 그대도 부르시네
1억이 모조리 전투 배치에 서랍시는 오늘

그대는 벌써 뜻이 정하였으리,
―나가리이다, 나가 싸우리이다―
―싸워서 이기리이다―
―미영을 격멸하고 돌아오리이다―
조국의 흥망이 달린 이 결전
민족의 운명이 결정되는 마루판
단판일세, 다시 해볼 수 없는 끝판
그대가 나가서 막을 마루판 싸움
(……)

이광수가 1943년 〈매일신보〉에 쓴 시 〈조선의 학도여〉의 부분이다. 이광수를 비롯하여 많은 애국지사가 일본의 강압을 견디지 못하고 이렇듯 학도병으로 나가라고 권유했다.

일본은 청나라와 러시아와의 전쟁에서 승리했다. 물론 완전한 승리는 아니었으나 일본인들은 열광했다. 일본인들은 제2차세계대전 역시 자신들이 승리한다고 믿었다. 그러나 전선이 확대되면서 군수물자와 군대가 부족했다.

일본은 식민지에서 해결 방법을 찾았다. 많은 조선 청년들이 기차를 타고 전쟁터로 끌려갔다. 철도역에서는 청년을 배웅하는 친지의 모습을 심심치 않게 볼 수 있었다. 청년의 어깨에는 '무운장구武運長久'니 '황군만세皇軍萬歲' 따위의 문구가 적힌 헝겊이 둘러졌다. 그들은 일본 군가를 부르면서 전쟁터로 끌려갔고 대부분 돌아오지 못했다. 친일파 홍승구라는 자는 미국과 영국은 세계의 공적이므로 이들을 처단하는 것은 '하늘을 대신하여 불의를 치는' 일이라고 선동했다.

> 하늘을 대신하여 불의를 치는
> 충용무쌍한 우리의 군대
> 이기지 않으면 살아서 돌아오지 않으리.

이 무렵 박정희는 대구사범학교를 졸업한 뒤에 문경의 소학교에서 아이들을 가르치고 있었다. 청년 박정희에게 이광수를 비롯한 애국지사의 학도병 권유는 큰 영향을 미쳤다. 박정희는 몇 년 동안 교사 생활을 하다가 만주 군관학교에 지원했다. 그는 시골 학교에서 아이들 가르치는 생활에 만족할 수는 없었다. 신문과 방송은 일본이 승승장구한다고 대대적으로 선전했다. 중국을 점령하고 미국과 전쟁을 일으켰다. 일본은 세계에서 가장 강한 나라고 천황은 신이었다. 오랫동안 세뇌를 받아서인지 천황의 신민이라는 사실을 의심하지 않았고, 출세를 하기 위해서는 군인이 되어야 한다고 생각했다. 그러나 군관학교에 들어가기에는 나이가 많았다. 1차 지원에 탈락한 그는 일본을 위하여 충성을 다 바치겠다는 내용의 편지를 써서 만주의 군관학교로 보냈다.

> 일본인으로서 수치스럽지 않을 만큼의 정신과 기백으로써 일사봉공一死奉公의 굳건한 결심을 갖고 있습니다. 저를 생도로 뽑아주시면 멸사봉공滅私奉公, 견마犬馬의 충성을 다할 결심입니다.

박정희의 편지는 군관학교 교사들을 감동시킬 정도로 절절했다. 편지를 본 군관학교의 아리카와 게이이치有川圭一 대좌가 박정희를 불렀다. 아리카와는 박정희가 다니던 대구사범학교에서 교련 교사를 지낸 적이 있었다. 박정희는 학교에 휴가를 내고 만주로 갔다. 대구에서 기차를 타고 경성으로, 경성에서 기차를 갈아타고 다시 신의주로 향했다. 박정희는 북쪽으로 달리는 기차에서 많은 생각을 했다. 일본은 광기에 휩싸여 있었고 그는 출세하려는 야망에 불탔다.

기차는 그의 야망을 싣고 신징新京(장춘)을 향해 달리고 있었다. 만주로 가는 길은 오랜 시간이 걸렸으나, 박정희는 더 이상 머뭇거릴 수 없다고 생각했다. 무엇보다 사범학교를 졸업하고 교사로 근무해야 하는 3년의 의무 기한이 지나 자유롭게 새로운 일을 할 수 있었다. 박정희는 신징에 도착하자마자 아리카와 대좌를 만났다.

"박 군의 편지를 보았네. 아주 훌륭한 편지였어."

아리카와 대좌는 박정희를 반갑게 맞아주었다.

"감사합니다. 저를 도와주십시오, 선생님."

박정희는 아리카와 대좌에게 공손히 인사를 했다.

"일본은 곧 전쟁에 휘말리게 될 것이네. 중일전쟁과는 전혀 다른 전쟁이 될 거야."

일본 육군사관학교와 육군대학을 졸업한 아리카와 대좌는 군인이면서도 학자였다.

"아직도 군인이 되려는 생각에는 변함이 없나?"

아리카와 대좌는 박정희를 신징에 있는 요릿집으로 데리고 갔다. 신징은 박정희가 수학여행 왔을 때보다 더욱 발전해있었다.

"예."

박정희는 변화한 시가지를 살피면서 대답했다.

"전쟁 시대에 군인은 성공하기가 쉽다. 그러나 죽음을 담보하지 않으면 안 된다."

"각오하고 있습니다."

"핫핫핫!"

아리카와 대좌가 통쾌한 웃음을 터트렸다. 그는 만주·신징군관

야망과 광기를 싣고 달리는 열차 197

학교로 박정희를 데리고 갔다. 그는 신징군관학교를 구경시켜준 뒤, 가을에 시험을 볼 수 있도록 주선해주었다. 신징군관학교 관계자로부터 나이는 상관없이 입학시험을 봐도 좋다는 허락을 받은 것이다. 박정희는 아리카와 대좌에게 동양사를 비롯해 신징군관학교 시험에 필요한 책들을 빌려 문경으로 돌아왔다.

"그래, 어떻게 되었소?"

유중태가 반가워하면서 물었다. 유중태는 박정희의 동료 교사였다.

"시험을 봐도 좋다는 허락을 받고 왔습니다."

"하하, 그것 참 잘되었습니다."

유중태는 자신의 일처럼 기뻐했다. 박정희는 아리카와 대좌의 조언을 토대로 군관학교 입학시험을 위해 열심히 공부했다. 박정희가 대구사범학교를 우수한 성적으로 졸업한 것은 아니나, 이곳은 일찍이 경상도 일대의 수재가 모이는 학교였기 때문에 그로서도 어렵지 않게 진도를 나갈 수 있었다.

시험은 9월에 치러졌다. 박정희는 학교에 휴가를 내고 만주로 갔고, 무단강牧丹江이 있는 룽징龍井에서 시험을 치렀다. 룽징은 만주에서 조선인이 가장 많은 곳이었다. 신징육군군관학교는 해마다 생도 480명을 뽑는데, 일본인이 절반이고 나머지는 만주인이 대부분이었다. 시험은 그리 어렵지 않았다. 박정희는 시험을 치르고 룽징 일대를 돌아본 뒤에 문경으로 돌아왔다. 발표는 이듬해 1월에 있을 예정이었다.

"어떻게 시험은 잘 보았소?"

유중태가 막걸리를 사가지고 와서 박정희에게 물었다.

"예."

박정희는 막걸리를 보자 기분이 좋았다.

"어렵지는 않던가요?"

"대부분 아는 문제가 나와서 걱정하지 않습니다."

박정희는 합격할 자신이 있었다. 조선인이라는 이유로 떨어뜨리지만 않으면 얼마든지 합격할 수 있을 것 같았다.

"아무튼 합격해서 박 선생의 꿈이 이루어졌으면 좋겠습니다."

유중태가 말했다. 박정희는 그날 밤 취할 때까지 술을 마셨다.

1월 4일 마침내 합격자 발표가 있었다. 박정희는 수험번호가 15번이었는데, 합격도 15등으로 했다. 그는 학교에 사직서를 내고 고향에 가서 인사를 했다. 고향에서는 펄쩍 뛰었으나 이미 합격했기 때문에 어쩔 수 없다고 박정희는 말했다. 딸(박재옥)을 낳은 아내(박정희의 전 부인 김호남)는 칠곡역까지 그를 전송했다.

열차는 덜컹대면서 압록강을 건넜다. 만주 벌판을 달리기 시작하자 박정희는 더욱 비장해졌다. 만주군관학교를 졸업하면 군대에 나가게 될 것이고, 전쟁터에서 적군의 총에 맞아죽거나 다리가 잘리거나 팔이 날아가 상이군인이 되어 고향으로 돌아오게 될지도 모를 일이었다. 어쩌면 만주군관학교 입학은 자신의 인생에서 최

악의 선택이 될 수도 있다. 그러나 나에게 어떤 선택권이 있는가. 만주군관학교로 가지 않으면 나는 무엇을 할 수 있는가. 박정희는 식민지 조선에서 궁핍한 교사로 일생을 마칠 수 없다고 생각했다.

'나폴레옹은 알프스를 넘었고, 이순신 장군은 백의종군하여 왜군을 격파했다. 모든 위인은 역경을 극복하고 성공했다.'

박정희는 차창으로 흘러가는 벌판을 내다보면서 다짐했다. 식민지 조선의 인민은 비참했다. 아버지와 형제들은 평생 동안 농사만을 지었으나 가난을 면할 수 없었다. 박정희도 사범학교에 다닐 때 내내 굶주리면서 버텼다. 가난하지 않은 사람은 가난의 서러움을 모른다.

만주는 가도 가도 끝이 없었다. 차창으로는 을씨년스러운 벌판이 꼬리를 물고 이어졌다. 덜컹대는 열차는 어둠 속을 달려갔다. 박정희는 눈을 감았다. 오랫동안 차창을 내다보아 눈이 피로했다. 몇 번이나 잠에서 깨어나 눈을 뜨고 밖을 바라보아도 여전히 창밖에는 낮은 구릉과 들판뿐이었다. 박정희는 두엇두엇 흘러가는 차창을 내다보다가 눈을 감았다.

만주 대륙은 아침부터 잿빛 일색이었다. 열차가 회덕을 지날 때부터 빗발을 뿌릴 듯이 우중충했으나, 빗방울은 한 방울도 떨어지지 않았다. 마침내 신징에 도착하자 2월인데도 굵은 빗줄기가 쏟아지고 있었다. 이곳은 이미 국제도시가 되어 활기 있게 움직였다. 일본이 만든 괴뢰국인 만주국 수도 신징의 널찍한 도로에는 무수히 많은 차들이 오가고 있었다. 박정희는 아리카와 대좌를 찾아가 인사한 뒤 만주군관학교에 들어갔다. 만주군관학교 1학년은 일본인 240명, 만주인 228명, 나머지 12명이 조선인이었다. 박정희는 조선인 생도 가운데 군관학교에 20등으로 합격한 이한림과 친하게 지냈다.

일과는 아침 6시부터 시작되었다. 생도들은 아침 6시 기상 나팔소리와 함께 일어나 연병장에 집합해 일왕이 있는 동쪽을 향해 절을 하는 '궁성요배宮城遙拜'를 했다. 궁성요배를 마친 뒤에는 일장기를 향해 서서 기미가요를 부르고 '황국신민의 서사'를 소리 높여 외웠다. 이어서 교장의 훈시가 끝나면 아침을 먹고 학과 수업이 시작되었다. 오후에는 제식훈련으로 시작하여 격검, 총검술, 사격, 유도, 보병 전투에 대한 훈련이 실시되었다.

군관학교의 생도 훈련은 가혹했다. 시험에 합격한 생도 대부분이 교련 과정을 거쳤으나, 만주 출신은 군사 훈련을 받을 수 없었다. 복종만을 강요했고 교관은 아무 이유 없이 뺨을 때렸으며, 각목과 개머리판으로 짓이겼다. 훈련 받던 생도 가운데 가혹한 구타와 기합으로 목숨을 잃는 이도 있었다.

돌아오네 돌아오네,
부모 형제 찾아서

일본은 태평양전쟁을 일으키면서 국력이 급격하게 피폐해지기 시작했다. 메이지유신은 왕정복고를 중심으로 해 일본을 근대화로 이끌었다. 그러나 일왕이 신격화되면서 무조건 복종이라는 시대착오적 광기가 휘몰아쳤다. 일본인은 천황을 위하여, 대일본 제국을 위하여 전쟁에 몰두했다. 그러나 전쟁 물자가 턱없이 부족했다. 탄피를 만드는 구리가 부족해 조선에서 놋그릇까지 공출되었다. 식량과 모든 물자가 배급제로 전환되었다. 진주만 기습 이후 미국은 동남아시아로 진격했다. 미드웨이 해전에서는 세계 최강을 자부하던 일본군 함대가 궤멸되었다. 이 패배는 전쟁을 일본 본토로 이끌었다. 연합국이 필리핀과 싱가포르를 탈환했고, 이오 섬은 초토화되었다.

    일본은 미국의 본토 상륙에 대비해 방공 훈련을 시작했다. 이제 패전은 불가피했다. 그러나 일본군은 자신의 패배를 이해하지 못했다. 승리하리라 생각했던 모든 전선에서 패배하기 시작했다. 1945년 4월 1일 히틀러가 자살하면서 독일은 연합국에 항복했다. 그래도 일본군은 절대 패배하지 않는다고 믿었다. 1945년 8월 6일 나가사키에, 8월 9일에는 히로시마에 원자폭탄이 투하되었다. 나가사키와 히로시마는 인류 최대의 재앙을 맞이했다. 울창한 소나무 숲이 마른 장작보다 더 빨리 타들어가고, 콘크리트가 순식간에 녹아내렸다. 섬광이 번쩍하는 순간 수천수만 명이 목숨을 잃었다. 섬광이 사라지자 죽음의 재가 쏟아지고 강력한 폭발로 말미암아 핵폭풍이 일어났다. 두 도시는 그야말로 지옥의 아수라장으로 변했다.

일본인은 경악했다.

"나가사키와 히로시마가 잿더미가 되었습니다."

도조 히데키東條英機 총리대신이 천황에게 보고했다. 일본 대본영(최고 전쟁 지도 회의)은 원자폭탄에 공포를 느꼈다.

"두 도시에 얼마나 많은 폭탄이 떨어진 것이오?"

천황이 근심스러운 목소리로 물었다.

"폭탄은 하나씩이나, 그 위력이 도시 하나를 완전히 없애버릴 정도로 강력합니다."

"신형 폭탄이오?"

"그렇습니다. 이번에 사용된 폭탄이 도쿄에 떨어진다면, 도쿄도 무사하기 어려울 것입니다."

"나는 대본영의 뜻대로 할 것이오. 대본영에서 결정하기 바라오."

원자폭탄 앞에서 더는 버틸 수 없었다. 연합국의 항복 권고를 수락하기로 하고, 1945년 8월 15일 12시 천황이 라디오로 항복 선언을 방송하여, 마침내 태평양전쟁은 끝났다.

짐은 깊이 세계의 대세와 제국의 현상에 감하여 비상의 조치로써 시국을 수습코자 자에 충량한 너희 신민에게 고한다. 짐은 제국 정부로 하여금 미, 영, 중, 소 4국에 대하여 그 공동선언을 수락할 뜻을 통고하게 하였다.
생각건대 제국 신민의 강녕을 도모하고 만방 공영의 낙樂을 같이함은 황조 황종의 유범遺範으로서 짐의 척척복응脊脊服膺하는 바 전일에 미·영 양국에 선전한 소이도 또한 실로 제국의 자존과 동아의 안정을 서기庶幾함에 불과하고 타국의 주권을 배排하고 영토를 범함은 물론 짐의 뜻이 아니었다. 연이나 교전이 이미 사세를 열閱하고 짐의 육해장병의 용전, 짐의 백료유사의 정려, 짐의 일억중서의 봉공이 각각 최선을 다하였음에도 전국은 반드시 호전되지 않으며 세계의 대세가 또한 아我에 불리하다. 뿐만 아니라 적은 새로이 잔학한 폭탄을 사용하여 빈번히 무고無辜를 살상하며 참해慘害에 급及하는 바, 참으로 측량할 수 없게 되었다. 이 이상 교전을 계속한다면 종래에 우리 민족의 멸망을 초래할뿐더러 결국에는 인류의 문명까지도 파각破却하게 될 것이다. (······)

천황의 항복 방송에 일본인들은 울었다. 36년 동안 일본의 잔혹한 통치를 받았던 한국은 해방되었다. 태극기를 손에 든 시민이 거리로 몰려나와 만세를 불렀다. 만세 소리는 천지를 뒤덮었다. 교도소에 갇혔던 민족 지도자가 석방되고 은둔했던 지도자도 모습을 드러냈다.

일본 내각은 항복을 결정하고, 조선에서 일본인의 안전한 철수를 비밀리에 추진했다. 조선총독부에 훈령을 보내 조선인에게 명망 있는 인사와 협상하여 정권을 인수하고 일본인의 안전한 귀국을 보장받으라고 요구했다. 이에 조선총독부의 엔도遠藤柳作 정무총감은 연합군이 상륙하면, 한국인이 보복하리라는 생각에 민족 지도자 송진우, 김성수 등에게 치안권 인수를 권했다. 이들이 거부하자 여운형에게 요청했고, 그는 정치범 석방 및 3개월간의 식량 확보, 건국을 위한 정치 활동에 대한 불간섭 등 5개 항을 조건으로 내세웠다.

8월 16일 여운형은 휘문중학교 교정에서, 안재홍은 경성방송을 통해 치안권 인수와 건국준비위원회(건준)의 결성을 알리는 연설을 했다. 이 연설에서는 경위대警衛隊와 정규군 편성, 식량 확보, 통화 및 물가 안정, 정치범 석방 등을 언급했다. 건준은 8월 17일 제1차 부서 결성을 하여 위원장 여운형, 부위원장 안재홍, 총무부장 최근우, 재무부장 이규갑, 조직부장 정백, 선전부장 조동호, 무경부장 권대석 등을 임명했다. 산하 단체로 치안 확보를 위한 건국

치안대, 식량 확보와 보급을 위한 식량 대책 위원회가 활동했다. 그러나 장안파를 비롯한 공산주의자가 대거 포진한 건준이 민족진영으로부터 외면당하면서 해방 정국은 혼란에 빠졌다.

일본은 패망했으나, 한국은 전승국이 아니었다. 일본이 중요 기관을 점령하고 무장해제하지 않은 상태에서 미군이 진주해왔다. 38선을 경계로 북한에 소련군, 남한에 미군이 진주하여 군정을 실시한다는 사실도 비로소 밝혀졌다. 모두 경악했으나 아직 한국에는 정부도, 군대도 없었다. 서울에 있는 민족 지도자들이 수시로 회담하여 건국을 준비했으나, 미군과 소련이 신탁통치를 실시한다는 소식이 전해지자 격렬한 반발이 일었다. 처음에는 남북한 지도자들이 신탁통치 반대를 위해 가두시위를 벌였으나, 좌익 계열이 소련의 지시로 갑자기 신탁통치 찬성으로 돌아섰다. 신탁과 반탁은 처음으로 좌익과 우익이 부딪친 사건이었다.

정국이 어수선했지만 해방된 조국을 찾아 수많은 사람이 귀국길에 올랐다. 일본은 황급히 보따리를 챙겨 조선에서 철수했다. 징용으로 끌려갔던 장정, 군대에 끌려간 청년, 위안부로 끌려간 여성이 돌아오기 시작했다. 경의선은 만주 쪽에서 돌아오는 사람을, 경부선은 일본에서 돌아오는 사람을 실어날랐다.

> 돌아오네 돌아오네 부모 형제 찾아서
> 몇 번을 울었던가 타국살이에

몇 번을 불렀던가 고향 노래를

칠성별아 빛나라 달빛도 흘러라

귀국선 고동 소리 건설은 크다

이인권이 부른 노래 〈귀국선〉은 해방을 맞아 귀국하는 이의 감격을 절묘하게 묘사한다.

박정희는 출세를 위해 1940년 만주국 신징육군군관학교에 지원했고, 2학년을 우수한 성적으로 마쳐 일본 육군사관학교에 편입했다. 졸업한 뒤에는 만주 보병 제8사단에 배치되어 일본군 중위로 활약했다. 그는 일본군에서 크게 성공할 것을 꿈꾸며, 온갖 고통을 인내하고 사관학교 훈련을 받은 뒤 일본군 장교가 되었다. 그러나 일본의 패망은 그가 상상조차 하지 못했던 일이었다. 박정희는 일본이 항복하자 망연자실했다. 그의 야망이 한순간에 물거품이 되었으니.

박정희는 해방 소식을 8월 17일에야 들었다.

'나는 이제 어찌해야 하는가?'

그는 일본군을 나왔다. 소련군에 체포되면 포로가 되니, 허름한 여관에서 지내면서 기회를 엿보았다. 베이징으로 가서 광복군에 편입하여 중대장을 맡았다. 대한민국 임시정부는 중국 팔로군에서 활약하던 조선 병사를 광복군으로 조직하여 신생 대한민국의 군대로 만들려고 했다. 임시정부 본진이 귀국하면서 박찬익을 단장으로 하는 주화 대표단을 결성했다.

박정희는 1946년 5월 8일 톈진에서 미군 수송선을 타고 다른 광복군과 함께 귀국했다. 그러나 군정을 실시하던 미군이 광복군을 인정하지 않아 광복군은 개인 자격으로 귀국했고, 인천에 도착하자 뿔뿔이 흩어져 고향으로 돌아갔다. 박정희는 초라한 모습으로 고향 경북 선산으로 돌아오게 된 것이다.

박정희는 서울역에서 기차를 탔다.

뽀오옥!

열차는 기적 소리를 울리면서 남쪽으로 달렸다. 청운의 꿈을 안고 만주를 향해 기차에 올랐던 몇 년 전이 뇌리에 떠올랐다. 모든 것이 수포가 되었다고 생각하자 비참했다. 해방 열차는 박정희의 쓰린 가슴을 안고 남쪽으로 달렸다.

　보리밭 사잇길로

　걸어가면

　뉘 부르는 소리 있어

　나를 멈춘다

　옛 생각이 외로워

　휘파람 불면

　고운 노래 귓가에

　들려온다

돌아보면 아무도

보이지 않고

저녁노을 빈 하늘만

눈에 차누나

박화목 작사, 윤용하 작곡의 가곡 〈보리밭〉이다. 이 노래의 작곡자 윤용하는 황해도 은율 출신으로 어렸을 적 만주로 이주하여 신징과 선양瀋陽에서 음악가로 활동했다. 1945년 패색이 짙어지자 일본은 조선인을 강제 동원하여 '황군 지원병'이란 이름으로 총알받이로 내몰았다. 만주에서 활동하던 조선인은 일본 관동군이 소련을 대적할 만큼 막강하다고 여겼다. 그러나 미드웨이 해전에서 패배 후 일본은 급속도로 전세가 기울어 만주인마저 일본군으로 끌고 가기에 이르렀다.

윤용하는 제1기 황군 지원병으로 끌려갔다. 신징역은 조선인 제1기 황군 지원병을 환송하느라 떠들썩했다. 마침내 열차가 출발하자 윤용하는 대열을 이탈하여 탈출했다. 이후에도 그는 여러 차례 일본군에 끌려갈 때마다 탈출과 도피 생활을 거듭했다. 북만주 치치하얼의 허름한 여인숙에서 윤용하는 해방을 맞이했다. 몇 달 동안 기아에 시달리면서 피해 다니던 윤용하에게는 꿈같은 일이었다.

흙 다시 만져보자 바닷물도 춤을 춘다

기어이 보시려던 어른님 벗님 어찌하리

이날이 사십년 뜨거운 피 엉긴 자취니

길이길이 지키세 길이길이 지키세

그는 이역에서 맞이한 해방의 감격을 두고두고 잊지 못했다. 정인보가 가사를 쓰고 윤용하가 작곡한 〈광복절 노래〉에 그때의 벅찬 감격이 잘 표현되어있다.

윤용하는 도피 생활을 끝내고 신징으로 돌아왔다가 북간도 룽징에서 음악 강사 생활을 했다. 룽징사범학교에서 음악을 가르치다가 바이올린을 전공한 최 선생의 막냇동생을 소개 받아 결혼하게 되었다. 윤용하의 나이 스물넷, 부인 최옥엽은 열아홉 살이었다. 최옥엽은 복스럽고 어여쁜 자태를 가진 여인이었다.

그는 음악 강사가 마음에 들지 않고 룽징의 명문인 처가와 맞지 않아 함흥으로 향했다. 그곳엔 신징에서부터 친하게 지내던 성악가 김대현이 있었다.

룽징에서 투먼圖們으로 가서 두만강의 도문대교를 건넜다.

'여기서부터는 내 조국이다.'

걸어서 두만강을 건너기 시작하자 가슴이 설레었다. 함경도 회령에는 많은 사람이 조국으로 돌아오는 동포를 환영하고 있었다. 윤용하는 회령에서 함경선을 탔다.

그토록 기고만장하던 일본인들이 사라지자 새로운 세상을 만난 기분이었다.

'조국은 이래서 필요한 것이구나.'

창밖으로 쉴 새 없이 흘러가는 조국 풍경을 내다보면서 감격하지 않을 수 없었다. 1945년 12월이었다. 차창 밖으로 새하얀 눈보라가 날렸다. 그것마저 마음을 울렸다.

"자네 룽징에 있다고 들었는데, 함흥에 언제 왔는가?"

김대현은 윤용하를 반갑게 맞이해주었다.

"해방이 되어 조국으로 왔네. 함흥에 머물까 하는데, 일할 곳 좀 알아봐주게."

"그래. 그건 염려하지 말게."

"이 사람은 내 아내일세."

윤용하가 최옥엽을 김대현에게 소개했다.

"안녕하세요? 김대현입니다."

"네."

최옥엽이 얼굴을 붉히면서 고개를 숙였다. 김대현은 최옥엽이 부잣집 막내딸답게 앳되고 곱다고 생각했다. 윤용하는 김대현의 추천으로 함흥 명문인 영생여학교에서 음악 교사로 일하게 되었다. 신징과 선양에서 교향악 작곡을 하고 연주를 지휘하여 명성을 떨친 윤용하는 관북 관현악단을 조직하여 지도했다. 숙소는 학교 기숙사를 배정받아 살았다. 북한은 인민위원회가 설치되고 쌀을 배급했다. 쌀을 배급받기 위해 윤용하는 음악 동맹에 가입했다. 그러나 점점 가

파르게 공산화되는 북한에서 자유로운 음악 활동을 할 순 없었다.

평택에 다녀온다는 핑계를 대고 윤용하는 함흥에서 열차를 타고 원산으로, 원산에서 경원선을 타고 서울로 향했다.

경원선은 강원도의 험준한 산악 지대를 통과한다. 차창을 지나가는 아름다운 풍경에 윤용하와 최옥엽은 넋을 잃었다. 깎아지른 듯한 산협이 눈앞을 스쳐지나갔다. 1946년 초여름이었다.

"조국이 이렇게 아름다운지 몰랐어요."

최옥엽은 감탄했다.

"부잣집 딸을 이렇게 고생시켜서 미안해."

윤용하는 최옥엽의 어깨를 안아주면서 말했다. 룽징에서 만나지 않았더라면 부잣집에 시집가 행복하게 살았을 것이라고 생각하자 미안했다.

"저는 당신만 있으면 좋아요."

최옥엽이 살포시 웃으면서 대답했다.

윤용하는 서울에 이르자 한국방송공사KBS의 전신인 서울방송에서 어린이 음악 프로그램을 담당했다. 그는 많은 동요와 가곡을 작곡해 방송을 통해 소개했다.

해방 조국은 지도자도 없고, 정부도 없었다. 이승만이 귀국하고 임정 요인과 김구가 돌아왔으나, 정당·단체가 우후죽순으로 설립되어 매우 혼란스러웠다. 결국 북한에는 인민위원회가 설치되고, 남한에는 단독 정부가 수립되었다.

제4부

만 리 넘어
기적이 운다

동서냉전의 대리전이었던 한국전쟁은 엄청난 상처를 남겼다.
부모를 잃고, 형제를 잃고, 자식을 잃는 슬픔 속에서도 전후 복구에 나섰다.
한국전쟁 당시 수많은 피난민과 군인을 실어나른
기차는 전후 복구의 첨병이 되었다.
그러나 정권은 부패하고 민주주의는 요원했다.
많은 학생과 지식인들이 민주주의를 위해 피 흘렸으나
대부분은 먹고 살기 위해 경제발전에 동원되었다.
철도는 석탄과 시멘트를 전국으로 실어날랐다.
그리고 무작정 상경하는 여공들을 서울로, 서울로 실어날랐다.

분단, 전쟁
그리고 피난

신생 독립국 한국은 이념 문제로 남북이 팽팽하게 대립했다. 서양에서 시작된 냉전이 한국에도 휘몰아쳤다. 38선 위아래로 왕래가 끊기고 남북은 같은 민족이면서도 서로 총부리를 겨누었다. 이승만은 철저한 반공주의자였다. 그가 단독 정부의 대통령이 되자 공산당을 불법화하고 체포했다. 공산주의자는 남한에서 공산 정권을 수립하려고 했다. 남조선로동당(남로당)을 중심으로 좌익 세력은 곳곳에서 인민위원회 설치, 친일파 처단, 임금 인상, 토지 분배 등을 요구하면서 파업과 시위를 벌였다.

 파업은 단독 정부가 수립되기 이전부터 시작되었다. 노동자는 일본 군국주의 통치 아래서 핍박을 받으면서도 항의할 수 없었다. 그러나 짓누르던 일본이 철수하자 노동자는 권익을 위해 '조선 노동조합 전국 평의회'를 결성했다. 약칭 '전평全評'으로 불리는 이 노동조합은 좌익 세력이 주축이 되어 정치 도구화되었다.

1945년 11월 5일 마침내 산업별 노동조합 대표가 모여 전평 결성 대회를 개최했다. 결성 대회에는 남북 각지에서 1194개 단위 노동조합의 50만 조합원을 대표한 대의원 505명이 참석하여, 대회 선언과 행동강령, 실천 요강, 결의문 등을 채택했다. 위원장에 허성택, 부위원장에 박세영, 지한종을 뽑고 명예 의장으로 박헌영과 김일성, 명예 회장으로 세계노동조합연맹World Federation of Trade Unions, WFTU 서기장 주오Léon Jouhaux와 마오쩌둥毛澤東, 쿠즈네초프Vasili Vasilievich Kuznetsov를 추대했다.

> 노동자의 일상 이익을 위한 투쟁은 무시하고 정치적 투쟁으로만 지도하려는, 대중과 유리된 좌익 소아병적 경향과도 싸워야 될 것이다.

전평은 좌익과도 투쟁하겠다고 선언문에서 명시했으나, 철저한 공산주의자인 허성택이 위원장이 되었듯 좌익이 장악했다. 허성택은 남한 총파업 지도부를 결성하고 이를 지휘했으며, 훗날 북한에서 노동부 장관, 석탄공업부 장관까지 지냈다.

전평에 맞서 우익 계열도 대한노총(대한노동조합총연합회)을 결성했다. 1946년 5월 1일 대한노총은 3000명이 노동절 기념행사를 열었고, 전평은 노동자 3만여 명과 좌익 단체 회원 1만여 명 그리고 군중까지 수만 명이 모여 성대한 대회를 치렀다. 그러나 좌우익 대립이 격화되고 미 군정이 좌익 세력을 탄압하면서 전평은 폭력 투쟁을 전개했다. 전평의 지휘를 받아 가장 먼저 총파업을 벌인 곳은 철도 노동조합이었다.

철도 노동조합은 1946년 9월 24일 총파업을 시작했다. 1946년 5월 미 군정은 조선 정판사 위조지폐 사건을 계기로 〈해방일보〉 폐간, 공산당 간부 검거 등 조선공산당에 강경한 태도를 취했다. 조선 정판사 위폐 사건은 좌익인 사장 박낙종이 10월 20일부터 6회에 걸쳐 남로당의 자금 및 선전 활동비를 조달하고 남한 경제를 교란시킬 목적으로 위조지폐를 발행한 사건이다.

테러는 테러, 피는 피로 갚아야 한다.

미 군정이 철도의 적자 해소, 노동자 관리의 명분을 내세워 운수부 종업원 25퍼센트를 감원하고, 월급제를 일급제로 변경한다고 발표하자 철도 노조는 총파업을 결의했다.

철도 노동자는 6개 요구 사항과 함께 시한부 파업을 통보했지만, 미 군정이 반응을 보이지 않자, 9월 23일 부산 노동자 7000명의 파업을 시작으로, 9월 24일 전국 총파업이 시작됐다. 4만여 명이 파업에 참가, 남한 철도 교통은 완전히 혼란에 빠졌다. 은행, 병원, 미 군정청까지 동정파업이 확대되었다. 미 군정은 9월 30일 경찰 2000여 명과 애국 청년단 등을 투입하여 파업 현장을 급습했다. 이때 노동자 1700여 명이 검거되었다.

파업은 폭동으로 이어졌다. 1946년 10월 1일 대구에서 대규모 폭동이 일어났다. 남로당 지시 아래 좌익 계열 노동조합은 남조선 총파업 대구시 투쟁 위원회를 결성하고, 1946년 9월 총파업에 들어갔다. 좌익은 대구 지역 노동자와 일반 시민을 동원, 쌀 획득 투쟁을 전개하면서 시위를 벌였다. 10월 1일 군중은 대구 시내를 완전히 점거하고 경찰서를 향해 행진해갔다. 시위대에 밀린 경찰이 다급하게 발포하여 시민 한 명이 사망하자, 대구 시민의 분노가 폭발했다. 그들은 경찰서를 습격하여 유치장을 개방하고 경찰을 살해하기 시작했다. 미 군정은 10월 2일 대구 지역에 계엄령을 선포하고, 미 전술군과 중앙의 경찰 병력을 대구에 급파했다. 시내의 폭력 시위는 진압했으나, 시위는 대구 인근으로 급속하게 퍼져나갔다. 경산, 성주, 영천 등 폭동이 일어난 지역은 경상북도 22개 군에 이르렀다.

폭동은 확대되었다. 경상남도 통영, 창녕, 마산, 진주를 비롯해 전국으로 번졌다. 그러나 남로당은 이들을 통제하지 못했고, 공산당이 불법화되는 계기가 되었다. 우익은 계엄령을 선포하고, 경찰만으로는 진압하기 어려워 미 전술군, 파업 파괴단과 조선 국방경비대를 비롯 서북청년단 등 우익 청년 단체를 동원했다. 이들은 폭동을 진압한다는 명분으로 좌익 관계자를 닥치는 대로 체포하고 잔인하게 테러했다.

　10월 대구 폭동 사건으로 경상북도에서만 관리 63명이 살해되고, 일반인 73명이 죽었다. 부상자는 헤아릴 수 없었고, 건물은 불에 타 재산 피해가 컸다. 전국적으로 사망자가 수백 명에 이르는 사건이었다.

　이 여파로 좌익 간부 대부분이 검거되거나 산으로, 지하로 잠적했다. 대구 폭동을 진압하면서, 경찰은 폭력 시위에 대항할 역량을 갖추게 되었고, 남한의 공산화를 막을 수 있었다.

　북한은 인민군을, 남한은 국군의 전신인 국방경비대를 창설했다. 국방경비대에 일본군 출신 장교가 대거 참여하면서 군은 효과적으로 조직할 수 있었으나, 상당수가 일본군에 충성을 바쳤던 인물이라는 점이 문제였다. 또한 좌익 청년까지 국방경비대에 참여하여 지휘관으로 활약했다.

　미국 군정과 소련 군정은 전혀 다른 정치를 펼쳤다. 그들은 상대방에 대한 적개심을 한국인 스스로 키우게 만들었다. 이승만 정부는 반민특위를 설치했으나, 북과 대치한 상황에서 자중지란을 일으킬 필요가 없다며 민족 반역자들을 제대로 처리하지 않았다. 친일파, 혹은 부일배附日輩가 정국을 이끌면서 부정부패가 만연했다. 북한은 대대적인 토지개혁을 실시하고, 지주와 부자를 숙청했다. 북한 주민이 38선을 넘어 남한으로 내려오기 시작했다. 해방부터 한국전쟁 발발 때까지 북한은 체제가 완전히 바뀌었다. 수많은 지주가 인민재판으로 목숨을 잃고, 집과 토지를 빼앗겼다. 노동자와 농민은 기다렸다는 듯 지주를 잔인하게 살해했다. 북한 공산정권에 집과 토지를 빼앗기고, 인민재판으로 목숨의 위태로움을 느낀 이들이 38선을 넘어 남으로 넘어왔다.

38선에서는 충돌이 잦아졌다. 북한은 조선민주주의인민공화국을 수립하고 30대의 김일성이 수상이 되었다. 그는 소련의 지원을 받아 인민군을 강력한 군대로 만들었다. 남한에서는 국방경비대를 모태로 한 국군이 창설되었으나 그중에는 좌익 세력이 많았다. 소대장이 소대원들을 이끌고 북으로 넘어가는가 하면, 여수와 순천에서는 14연대가 반란을 일으켰다.

남북 간 무력 충돌도 빈번하게 일어났다. 1950년 북한을 완전히 장악한 김일성은 남침 준비를 서둘렀다. 군비를 강화하고 탱크와 무기를 소련으로부터 지원받았다.

6월 24일 오전 10시, 김종필 중위는 장도영 정보국장에게 북한의 움직임이 심상치 않다고 보고했다. 장도영 정보국장은 심각한 표정으로 듣고 있다가, 상황실에 참모들을 소집할 테니 브리핑하라고 지시했다.

10시 30분, 육군본부 상황실에는 인사국장, 작전국장, 군수국장, 고급 부관, 정보국장이 원탁에 둘러앉았다. 김종필은 이 자리에서 '북한 정세 판단 분석 보고서'를 제출하고 북한 공산군이 전면 공격을 해올 조짐을 보이니, 방어 준비를 해야 한다고 강력하게 주장했다.

"김 중위, 북한이 남침을 한다니 무슨 말이야? 그깟 놈들이 무슨 남침을 해?"

"그렇지 않습니다. 북한은 탱크를 전부 전진 배치시켜 놓았습니다. 우리 군에 비상을 걸어야 합니다."

김종필은 차분하게 북한이 남침해올 것이라고 보고했다.

"이봐, 김 중위. 북한이 공격해온다는 것은 말도 되지 않는다. 공연히 군대에 비상을 걸어서 소란 떨 필요가 없어!"

"아닙니다. 북한은 반드시 오늘 내일 중에 공격해옵니다. 대비해야 합니다. 후방은 오늘이 반공일이라 하여 장병들 외출을 허락하고 있는데, 즉각 중지시켜야 합니다."

"김 중위! 북한의 도발은 전부터 있었다. 38선에서 놈들의 도발은 늘 있던 일인데, 왜 공연히 침소봉대해! 또 놈들이 남침하더라도 우리가 압록강까지 밀고 올라갈 테니까 휴일이나 잘 지내. 오늘 반공일 아냐?"

정보국장을 제외한 참모들은 북한의 공격 기도를 부정하면서, 만약 그러한 사태가 일어나더라도 즉시 격퇴할 수 있다고 호언장담했다. 작전국장이 별 거 아닐 텐데, 무슨 징후가 그리 많냐며 먼저 자리를 떴다. 그러자 다른 국장들도 슬슬 뒤따랐다. 한국전쟁의 기습 남침은 결국 아무 대비 없이 당한 꼴이었다.

6월 24일 저녁 김종필은 38선의 긴장이 고조되자 당직이었던 서정순 중위를 쉬게 하고 자신이 당직을 대신했다. 육군 정보국 당직실에 대기하며 오후 7시가 되자 각 파견대장에게 전통을 돌려 38선 상황을 2시간마다 보고하라고 지시했다.

장마철에 접어든 38선에는 폭우가 쏟아지고 있었고, 밤이 되자 서울에도 세찬 빗발이 떨어졌다. 김종필은 창가에 서서 초조하게 운명의 시간을 기다렸다. 그 시각 장교 구락부에서는 청사 준공 파티가 열려 고위 장교들이 밤새도록 노래 부르고 무도회를 즐겼다.

자정이 지났다. 운명의 6월 25일. 김종필은 1시간마다 상황을 보고하라고 다시 전방에 지시를 내렸다. 그러나 38선은 태풍 전야와도 같았다. 정적이 사방을 감쌌다. 숨 막히는 듯한 긴장의 시간이었다.

새벽 3시. 포천군 양문리 만세교 일대의 파견대가 북한의 남침을 가장 먼저 알려왔다.

"적이 공격해옵니다! 북한군이 전차 부대를 앞세우고 개미떼처럼 새카맣게 몰려오고 있습니다!"

양문리 파견대 소대장은 흥분해서 목소리가 떨렸다. 이어 7사단 정보장교도 숨넘어가는 목소리로 다급히 보고했다.

"대구경 포탄이 아군 진지에 마구 떨어집니다! 적의 대대적인 공격이 시작되었습니다! 탱크도 쳐들어옵니다!"

김종필은 가슴이 철렁했다.

'왔구나! 기어이 오고야 말았어…….'

자신의 예측대로 적이 대규모로 몰려오고 있다는 사실에 한동안 넋을 잃은 사람처럼 그대로 서있었다.

1950년 6월 25일은 일요일이었다. 평화로운 일요일 아침을 즐기려던 시민들에게 전쟁이라니, 날벼락 같은 소식이었다. 휴가 나온 장병은 소집되고, 국민은 안심하라는 방송이 나왔다. 그러나 사람들은 그날 오후부터 피난을 떠나기 시작했다. 피난민에 의해 북한이 전면전을 개시했다는 사실이 알려져 뒤숭숭했다.

6월 28일 한강 철교를 폭파하기 전 출발한 피난 열차는 피난민이 너무 많이 몰려들어 아비규환의 참상이 벌어졌다. 그들은 열차의 지붕과 승강대에도 매달리고 화물칸에도 빽빽하게 올라탔다. 그러나 더 많은 사람이 가지 못했다.

소설가 김팔봉도 피난 가지 못했다. 을지로에 작은 인쇄소를 가지고 있었는데, 직원이 그를 인민재판에 회부했다. 한국전쟁 당시 남한을 점령한 북한은 곳곳에서 인민재판을 벌여 협조적이지 않은 인사를 처형했다. 김팔봉도 내무 서원에게 끌려가 국회의사당(시청 앞, 지금의 서울시 의회) 앞에서 즉결재판을 받았다. 그들은 김팔봉이 반동 문인이라면서 신랄하게 비난한 뒤 몽둥이로 때리기 시작했다. 비명을 지르고 고통스러워했으나 몽둥이질은 김팔봉이 기절할 때까지 그치지 않았다. 인민재판이 끝나자 내무 서원과 민청원이 단에서 끌어내렸는데, 이미 의식을 잃고 목이 덜렁거릴 정도였다.

　김팔봉은 서대문 내무서(경찰서)에 갇혔다. 부인이 면회하고 사망한 것이나 다름없으니 집에서 죽게 해달라고 사정하여, 가마니에 덮인 김팔봉을 수레에 싣고 집으로 돌아왔다. 옆구리에 구더기가 생겼을 만큼 그의 목숨은 위태로웠다. 마침 피난 가지 못한 의사가 있어 불러다가 치료 받고 간신히 목숨을 구했다.

　윤용하는 북한군이 너무나 빨리 밀어닥친 데다가 부인은 만삭이어서 피난을 갈 수 없었다. 서울이 인민군에 점령되고 곳곳에 인공기가 나부꼈다. 지하에 숨어있던 좌익이 모습을 드러내고 반동분자를 색출해 숙청하기 시작했다.

　"아기 낳는 일은 걱정하지 말고, 당신이라도 피난을 가세요."

　최옥엽이 윤용하의 손을 잡고 말했다.

　"당신 혼자 두고 어떻게 떠난다는 말이오?"

　"여기에 있으면 당신도 인민재판을 받아요. 당신이 죽으면 우리가 살아도 무슨 소용 있어요?"

　부인 최옥엽이 눈물로 호소하자 6월 30일 새벽 윤용하는 만삭의 아내를 신촌에 남겨두고 강원도 쪽으로 피난을 떠났다. 그는 홍주에 이르러 3개월 동안 숨어 지내면서도 작곡을 했다.

　연합군과 국군은 낙동강 전선에서 최후의 전투를 벌이다가 인천 상륙작전을 감행했다. 작전 성공으로 38선을 돌파하여 북진 통일을 하려던 연합군과 국군은 중공군 개입으로 또다시 총퇴각하지 않으면 안 되었다. 1951년 1월 1일부터 시민은 다시 피난 가기 시작했다. 서울이 수복되어 돌아온 윤용하는 그동안 딸 은혜를 낳은 아내 최옥엽과 함께 1951년 1월 3일 피난 열차에 올랐다.

날씨는 살을 엘 듯이 추웠다. 적 치하에서 3개월 동안 온갖 고생을 한 사람들은 피난 열차에 올라타기 위해 아우성쳤다. 한강 다리를 복구하지 못해 열차는 영등포역에서 출발했다. 얼마나 사람이 많은지 기차 지붕 위에도 가득했다. 발 디딜 틈이 없어 사람 어깨를 밟고 올라가야 했다. 눈보라까지 사납게 몰아치는데, 기차는 출발하지 않았다.

"추운네 조금만 참아."

윤용하는 아기와 아내를 가슴에 안았다. 아기는 아직 젖먹이였다. 춥고 자리가 비좁아 간간이 울음을 터트렸다. 아기가 울 때마다 최옥엽은 젖을 물렸다.

"기차가 왜 가지 않아요?"

기차는 저녁때가 되도록 떠나지 않았다. 서울 쪽에서는 포성이 요란하게 들리고 불타는 건물이 보였다. 시내가 또 잿더미가 되고 있었다.

"나도 모르겠어. 기다려봅시다."

윤용하는 우울한 목소리로 대답했다. 아내는 집에서 준비한 주먹밥을 먹었고, 윤용하는 소주만 몇 잔 들이켰다.

"이 기차는 가지 않는답니다."

날이 어두워졌을 때 사람들이 웅성거렸다. 윤용하는 깜짝 놀라 아내와 함께 반대편 기차에 올라탔다. 사람들은 반신반의하면서 그냥 앉아있었다.

뽀오옥!

열차에서 기적 소리가 길게 울렸다. 윤용하가 처음에 탄 기차에 있던 사람들이 그제야 깜짝 놀라 이쪽 기차로 우르르 달려왔다. 그러나 역시 앉을 자리가 없어 사람들을 밟고 기차 지붕으로 올라갔다. 사람들이 일시에 몰리는 바람에 기차는 아수라장으로 변했다. 화물칸을 비롯해 승강대까지 빽빽하게 올라탔고, 기차가 출발하면서 미처 올라타지 못한 가족과 올라탄 가족이 울부짖는 소리가 어둠 속에 울려 퍼졌다.

사람들이 지붕 위까지 올라탄 기차는 느리게 달려 이튿날 아침에야 수원에 닿았다. 윤용하는 최옥엽과 밤새도록 열차에서 떨었다. 기차는 수원에서 떠나지 않았다. 여기까지 오는 동안 자리가 많이 비었다. 지붕 위에서 서로 손을 잡고 버티다가 손을 놓치는 바람에 떨어져 죽은 이도 있었고, 무서워 내린 사람도 있었다.

한나절이 지나서야 기차가 다시 움직였다. 천안에 정차해서는 또 다시 두 시간을 기다렸다. 그래서 기차가 대전에 도착했을 때는 이미 날이 어두웠다. 기차는 밤이 되자 비로소 빠르게 달리기 시작했다. 대전에서 피난민이 많이 내린 덕에 비로소 윤용하와 아내는 객차에 올라타 의자에 앉을 수 있었다.

윤용하가 탄 피난 열차는 꼬박 이틀 걸려 부산에 도착했다. 그러나 부산은 이미 몰려온 피난민들로 발 디딜 틈조차 없었다. 윤용하는 동래로 가서 한동안 천막을 치고 살았다.

동래 온천장 뒷산에 천막을 치고 살 때는 제법 조용하게 지냈다. 천막 주위에는 냇물이 흐르고 진달래며 아카시아 꽃들이 피고 솔나무도 자랐다. 산딸기도 따보았고 토마토와 20여 종의 꽃을 가꾸기도 했다. 다만 가끔 뱀이 나오는 것이 싫었다. 밤이면 여우도 나오고, 새벽이면 부엉새 우는 소리가 처량하기도 했다.

1953년 신문에 실린 윤용하의 글이다. 이후 윤용하는 부산 용두산 아래 판자촌으로 이사했다. 예술 활동을 해야 하니 교통이 좋지 않은 동래에 살 수 없었다.

조용한 밤에 일을 좀 하려고 하면 신문 파는 어린이의 목소리와 뿡뿡거리고 달리는 고급 자동차, 경상도, 평안도 사투리로 떠들어대는 소리가 들려 질색이다. 아침 일찍 깡통을 들고 밥을 얻으러 다니는 어린이도 우리 집에 드나든다. 만일 내가 사는 집을 자랑한다면, 비록 판잣집이지만 옆에 내 키보다 더 큰 포플러가 몇 그루 서있고 변소가 떨어져있다는 점일 것이다. 사람이 살고 있으니 주택이라고 해도 과언이 아닐 것이다.

윤용하를 비롯한 부산에 있는 예술가들은 밀다원 다방에 잘 모였다. 이 다방은 훗날 소설가 김동리가 단편 〈밀다원 시대〉를 써서 더욱 유명해졌다. 다방의 단골손님으로는 김동리, 윤용하, 화가 이중섭과 박수근, 시인 양명문 등을 비롯, 많은 예술가가 드나들었다. 박수근은 부산 미군 부대 피엑스PX에서 손수건에 미군 애인의 그림을 그려주며 연명했다. 소설가 박완서는 같은 미군 부대 피엑스에서 일했고, 이때의 경험을 《나목裸木》이란 소설로 썼다. 이들은 오전 11시경부터 다방에 죽치고 앉아 전선 소식을 이야기하거나 피난 온 예술가, 피난 온 사람 중에 취직하거나 일거리 잡은 이야기를 했다. 그러다가 출출해지면 갹출하여 술을 마시러 갔다. 항상 앞장서는 사람은 윤용하였다.

"주주총회를 요 아래 허파 집에서 할 예정입니다. 주주가 아닌 분은 참석할 수 없습니다."

직업 있는 사람에게는 20환, 직업 없는 사람에게는 10환을 거뒀다. 윤용하는 이를 '주식회사酒式會社를 차린다'고 했는데, 물론 술 마시는 모임이었다. 돈 내지 않은 사람은 참석할 수 없었다.

"용하, 당신은 돈을 냈소?"

돈을 내지 못한 사람들이 항의했다.

"나는 월급 받는 대표이삽니다."

윤용하는 웃으면서 넉살 좋게 대답했다. 밀다원 다방에 모인 예술가들은 웃고 떠들며 허파 집으로 몰려가 막걸리로 주린 배를 채웠다. 부산 피난 시절은 누구나 궁핍했다. 많은 사람이 굶주렸고, 먹는 날보다 굶주리는 날이 더 많았다.

예술인과 지식인만 피난 갔던 것은 아니었다. 많은 시민이 피난 열차를 타기 위해 서로를 밀치다가 가족과 헤어지고 심지어 열차에서 떨어져 죽기도 했다. 열차가 수원에 도착해 움직이지 않자 열차에서 내려 후퇴하는 국군의 뒤를 따라가다가, 북한군의 기총 소사에 맞아 죽은 사람도 여럿이었다. 1950년 6월 피난 때는 여름이라 괜찮았으나, 1·4 후퇴 때는 추위가 몰아닥쳐 얼어죽고 굶어죽은 이가 부지기수였다.

드디어 청주에 도착해서 주인집 아저씨네 식구들을 만났다. 서로 반가워하며 밥을 하는데, 밥이 다 끓기도 전에 갑자기 사이렌 소리가 났다. 경찰이 와서 또 피난을 가야 산다고 해서, 밥도 못 먹고 그대로 둔 채 또다시 피난을 갔다. 가다 보니 고개가 아흔아홉 구비라는 피발령재(해발 361미터)가 나왔다. 그 고개를 넘어가면 보은 속리산 가는 길이라 하여 그 길로 모든 사람이 피난을 가는데 뒤에선 전쟁이 밀려 내려온다고 하고, 우리는 빨리 가야 하는데 눈보라는 치고 비탈길이

미끄러워서 아무리 가도 제자리걸음이다. 가다 보면 어린아이를 눈 위에다 버리고 가서 얼어죽은 아이가 여기저기 많이 보인다. 아직 죽지 않은 아이도 있었는데, 누구 하나 아이를 구해주는 사람이 없었다. 자기도 가다가 언제 죽을지 모르기 때문이다.

〈월간 조선〉에 연재한 전순옥 씨의 피난기다. 사람들은 아이도 버리고 피난 갔다. 길 위에서 죽어가는 아이를 보고도 모른 체했다. 길 위에 버려진 아이는 부모가 이미 죽었거나 헤어진 경우다. 매정하게 보일지 모르나 살지 죽을지 자신의 목숨조차 가늠하기 어려운 상황에서 다른 아이를 돌볼 수는 없었으리라.

"어머니!
저는 꼭 살아서 다시 쓰겠습니다"

이우근이 의성역에 도착한 시각은 오전 11시 30분이었다. 4킬로미터를 행군해 피로하고 무더웠으나, 의성역을 세밀하게 살폈다. 그러나 국군이 철수한 지 2시간이 지나 의성역에는 역무원조차 없었다. 역은 폐가처럼 황량했다. 역원들까지 퇴각하는 국군을 따라 모두 철수한 것이다. 기차가 한 대도 움직이지 않았다. 인적이 끊긴 역에서는 기이할 정도로 적막함과 8월의 더위만이 무겁게 짓누르고 있었다.

이우근은 주먹으로 땀을 훔쳤다. 총을 버리고 계곡 물에 풍덩 뛰어들고 싶었다.

"그림자도 보이지 않습니다."

이우근이 김용섭을 돌아보고 말했다. 김용섭은 서울대 사범대 학생이었다.

"모두 철수한 모양이다."

김용섭의 말에 학생들이 비로소 긴장을 풀었다.

"국군이 철수했으니, 걸어서라도 영천까지 가야 한다."

학생들을 돌아보며 김용섭이 말했다.

"모두 지쳤을 테니 요기라도 하고 떠나야 하지 않는가?"

중앙대 학생이 김용섭에게 말했다.

"그게 좋겠어. 배가 고파 걸음을 떼어놓을 수도 없어. 모두 들어라. 각자 흩어져 민가에서 음식을 얻어먹고 1시까지 역으로 집합한다."

김용섭이 명령을 내리자 학생들이 일제히 흩어졌다. 이우근도 역에서 나와 민가를 찾아갔다. 피난 가지 않은 사람들에게 먹을 것을 좀 나누어달라고 했으나 아무도 음식을 주지 않았다. 의성 주민은 그동안 군인이나 피난민에게 먹을 것을 나누어주느라, 자신들도 먹을 것이 없노라고 했다. 이우근은 겨우 감자 3개를 얻어먹고 의성역으로 모였다.

"여기는 먹을 것이 없는 듯하군."

김용섭을 비롯하여 다른 학생도 음식을 얻어먹지 못하고 의성역으로 돌아왔다.

"실망하지 말고 영천으로 가자. 영천에는 우리 국군이 있을 것이다."

김용섭의 지시에 학생들은 철도를 따라 영천으로 향했다. 밤새도록 걷고 또 다시 걷게 되자 걸음이 천근처럼 무거웠다. 이우근은 침목을 밟으면서 걸음을 떼어놓았다. 날은 불볕이었다. 숨이 턱턱 막히고 땀이 비 오듯이 흘러내렸다.

'하얀 쌀밥을 배불리 먹었으면……'

이우근은 배가 너무 고팠다. 어젯밤부터 지금까지 밥 한 숟가락 먹지 못했던 것이다.

뽀오옥!

그때 기적 소리가 길게 울리며 열차가 모습을 드러냈다. 영천에서 의성으로 향하는 북행 열차였다. 학생들은 재빨리 철로 옆으로 비켜섰다. 기차에는 미군과 국군이 타고 있었다.

"저 기차는 의성에 있는 군수물자를 싣기 위한 것이 분명하다. 기차를 따라 의성역으로 가자."

누군가 소리를 질렀다. 학생들은 기다렸다는 듯 의성역으로 달려갔다. 의성역에서 남쪽으로 겨우 1킬로미터 내려왔으니, 얼마 지나지 않아 도착했다. 예상대로 기차는 의성역에 산적한 군수품을 운반하려고 특별히 배정된 것이었다. 학생들은 군수물자 상차 작업을 도왔다. 국군이나 미군은 적이 언제 들이닥칠지 몰라 군수품을 싣느라 정신이 없었다. 그런데 학생들이 도와주자 매우 고마워했다. 오후 2시부터 시작된 작업은 오후 5시에야 끝났다.

"학생들은 어디로 가는가?"

미군 장교가 학생들에게 물었다.

"우리는 학도병이다. 수도사단 소속이나, 퇴각할 때 헤어져 3사단을 찾아가려고 한다."

김용섭이 대답했다.

"3사단은 포항에 있으니 열차에 타라."

"우리는 음식을 먹지 못했다. 식량을 나누어달라."

"기차에 실린 식량을 마음껏 먹어도 된다."

미군 장교의 허락이 떨어지자 학생들은 배급 상자를 뜯어 건빵, 단팥묵(양갱), 통조림 등을 배불리 먹었다.

기차는 영천을 향해 달려갔다. 영천을 통과한 기차는 계속 달려 8월 10일 새벽 4시 마침내 경주역에 도착했다. 학생들은 경주에서 포항으로 가는 기차를 타려고 했다. 그러나 수송관은 학생들을 포항행 기차에 태워주지 않았다. 이에 김용섭, 이우근 등이 격렬하게 항의하고 마침내 3사단의 김석원 사단장과 김재규 소령이 신분을 확인해주어 포항행 기차에 오를 수 있었다.

기차는 포항으로 빠르게 달리기 시작했다. 이우근은 차창에 기대앉아 학도병으로 전쟁에 참여한 지난 한 달을 곰곰이 떠올려보았다. 그는 서울 동성중학교 3학년이었다. 6월 25일 아침 늦게야 북한군이 침략해왔음을 알았다.

평화로운 일요일 아침이었다. 6월 25일 오전 10시가 되자 서울에 긴박하게 사이렌이 울렸다. 이어 휴가나 외출 중인 군인은 속히 귀대하라는 방송이 흘러나왔다. 시민들은 불안하여 집에서 나오지 않았다. 밤이 되자 북쪽 하늘이 벌겋게 물들고 포성이 점점 가까워졌다. 시민들은 잠을 이루지 못했고, 거리에는 군인을 태운 트럭이 끝없이 북쪽으로 올라갔다.

이튿날 아침 삼각지 화약고가 폭발했다. 북한의 야크기는 퇴각하는 군인들을 따라오면서 기총소사를 했다. 이날부터 북쪽에서 피난민과 군인들이 쏟아져 내려왔다. 밤부터 비가 쏟아졌다. 빗속에서 시민들은 피난을 떠났다.

서울대 문리대에서 학생들이 총을 들고 맞서 싸우자며 자원자를 모집했다. 이때 많은 학생이 학도병으로 자원했는데, 이웃 동성중학교 학생들도 있었다. 군복도 없고 총도 없었다.

이우근은 비장했다. 조국이 일본으로부터 해방된 지 불과 5년. 그런데 공산군의 남침, 북한에서의 숙청, 남한에서 일어난 폭동……. 공산주의는 피를 통한 혁명을 원하고 있었다. 이우근은 피를 흘려야 하는 공산 혁명이 옳지 않다고 생각했다.

그는 서울대 학생들이 결성한 학도의용대에 들어갔다. 학도의용대는 국방부를 찾아가 적과 싸울 수 있도록 무기를 달라고 요구했다. 국방부 정훈국의 이선근 대령은 학생은 공부나 하라며 거절했다. 학생들은 다시 김석원 장군을 찾아가 학도의용대도 적과 싸울 수 있게 해달라고 요구했다. 우여곡절 끝에 학도의용대는 간단한 훈련을 받고 수도사단에 배속되었다. 그러나 후퇴를 거듭하던 수도사단은 학도의용대에 귀향하라는 명령을 내렸다.

"나라가 위기에 빠졌는데, 어떻게 고향으로 돌아가는가? 우리는 끝까지 적과 싸울 것이다."

학도의용대 일부는 수도사단의 귀향 조치에 집으로 돌아갔으나, 71명은 끝까지 남아 적과 싸우기로 했다. 그들은 3사단장인 김석원 장군이 학도의용대에 호의적이었으므로 3사단을 찾아 남으로 내려갔다. 학도병은 한 달 동안 후퇴를 거듭하다가 의성역에 이르렀던 것이다.

'공산군을 물리치고 통일을 해야 우리나라에 평화가 온다.'

이우근은 포항으로 달리는 열차 안에서 생각했다.

북한 공산군은 포항을 점령하려는 작전 계획을 세우고 정예부대인 6사단과 동부전선의 12사단 766유격대를 남진시켜 8월 8일에는 포항 전방 40킬로미터 밖에 있는 보현산까지 남진했다.

이우근을 비롯한 학도병은 죽음의 땅을 향해 가고 있었다. 달리는 열차에서 이우근은 상념에 잠겼다. 이번 전쟁에서 죽을지도 모른다, 그러나 자신이 죽는 것도 역사의 수레바퀴를 돌리는 일이라고 생각했다.

헤르만 헤세가 그랬듯, 새는 알을 까고 나온다. 역사가 진보하기 위해서는 거대한 역사의 물줄기를 거스를 수는 없다. 급류에는 결국 모든 것이 휩쓸리는 법이다. 그렇게 생각하자 자신의 삶이 허망하게 여겨졌다. 부모님에게 제대로 인사조차 드리지 않고 온 것이 후회스러웠다.

덜컹덜컹. 열차는 쉬지 않고 포항을 향해 달렸다.

8월 10일 아침 7시 이우근과 학도병을 태운 열차가 포항역에 도착했다. 포항은 안개 속에서 희미하게 밝아왔다. 학도병들은 3사단 후방 지휘소로 향했다. 이곳은 병으로 쉬고 있는 지휘관 김재규 소령 대신 김치련 대위가 맡고 있었다. 김 대위는 학도병을 따뜻하게 환영하고, 포항초등학교에 숙소를 배정해주었다. 식사 때가 되자 후방 지휘소에서 국과 밥이 왔다. 학도병들은 모처럼 따뜻한 밥을 먹었다. 내복을 빨고 몸을 씻은 다음 잠시 휴식을 취했다.

그 시각 전황은 급박하게 돌아가고 있었다. 북한군이 대대적인 공격을 감행하여 3사단 전방 지휘소 앞 5킬로미터까지 진격해왔다. 포성이 들리는 가운데 포항 시민들은 분주히 피난을 떠났다. 오후 3시가 되자 후방 지휘소인 포항여자중학교로 이동하라는 지시가 떨어졌다. 이미 3사단 주력 부대는 고립되었다. 학도병은 투표로 서울대학교 사범대 2학년 김용섭을 중대장으로, 제1소대장은 배재중학교 5학년 유명욱, 제2소대장은 중앙대학교 2학년 김일호를 선출했다. 상황이 급박해지자 미군으로부터 무기를 지급 받았다. M1 소총으로 무장하고 자정이 되어서야 잠들었다.

새벽 3시 가까운 곳에서 총소리가 들리자 모두 일어나 전투를 준비했다. 학도병들은 학교 울타리에 납작 엎드려 적이 오기를 기다렸다. 포항여자중학교의 무성한 상록수가 참호 역할을 해주었다. 새벽 4시 10분이 되자 적 20여 명이 따발총을 들고 접근했다.

20여 미터까지 근접하자 학도병들은 일제히 M1 소총을 난사했다. 적이 보낸 척후병은 순식간에 전멸했다.

새벽 6시 마침내 적의 대부대가 몰려오기 시작했다. 학도병들은 일제 사격을 가했고, 적도 응사했다. 거의 한 시간 동안 정신없이 총을 쐈다. 적은 일시 퇴각하고, 포를 발사했다. 소총으로는 적의 포격에 대항할 수 없었다. 학교 건물이 무너지고 불탔다. 그러나 학도병들이 맹렬하게 사격하자 다시 전투가 중단되었다. 실탄이 떨어지기 시작했다. 미군이 버리고 간 탄약고에서 실탄과 수류탄을 가져왔다. 적이 맹렬하게 사격했으나, 안영걸이 수류탄을 던져 막았다.

포항여자중학교 오른쪽에는 과수원과 초가 한 채가 있었다. 김치련 대위가 행정병을 이끌고 방어했으나, 적의 치열한 공격에 절반이 사상하자 고지로 퇴각했다. 그들이 퇴각하면서 학도병의 후방이 노출되고 말았다. 과수원 초가집도 적에게 점령되었다.

"초가집에 적이 있으니 뒤가 위험하다. 누가 가서 초가집의 적을 사살하라."

김용섭 중대장이 말했다.

"내가 가겠습니다."

이우근이 자원하고 나섰다. 이우근은 학도병 4명과 각자 수류탄을 두 개씩 챙겼다. 총조차 들지 않고 아침이 밝아오는 과수원의 초가집을 향해 전진했다. 사과나무가 울창하여 적은 그들이 다가 오는 것을 눈치 채지 못했다. 벌써 어린아이 주먹만한 사과가 영글어있었다.

'내일 지구가 망한다고 해도 오늘 사과나무를 심는다고 했는데…….'

이우근은 비장한 생각이 들었다. 초가집 돌담 가까이 접근했다. 적은 기관총을 설치하느라 왁자했다. 얼추 여남은 명쯤 되어 보였다.

"적이 있다. 내가 하나, 둘, 셋을 세면 모두 수류탄을 초가집으로 던진다."

이우근은 결사대원과 신호를 주고받았다. 학도병들의 눈이 긴장으로 크게 떠졌다. 숨이 막혔다. 그는 심호흡을 한 뒤 전방을 주시하고 수류탄의 안전핀을 잡았다.

"하나…… 둘…… 셋!"

이우근은 안전핀을 뽑고 초가집 안으로 수류탄을 힘껏 던졌다. 결사대원들도 일제히 투척했다.

"뭐야? 수류탄이다!"

초가집에서 함경도 사투리로 떠드는 소리가 들렸다. 요란한 폭음과 함께 수류탄 다섯 발이 폭발했다. 이우근은 눈을 감고 납작 엎드렸다. 초가집의 벽이며 추녀가 날아가고, 파편이 허공으로 비산했다. 검은 연기가 자욱하게 솟으면서 화약 냄새가 코를 찔렀다. 적들이 산산이 찢어져 허공으로 솟구쳤다가 떨어졌다. 팔다리가 찢기고 몸뚱이가 부서져 뒹굴었다. 피투성이 얼굴은 알아볼 수 없었다.

적군 전원이 수류탄에 의해 폭사했다. 이우근은 몸을 부르르 떨었다.

"돌아가자."

"수고했다."

김용섭이 돌아온 이우근과 결사대원을 격려했다. 이우근은 총을 들고 적진을 노려보았다. 적이 공격을 멈추자 잠시 적막한 기운이 감돌았다. 벌써 8월의 폭염이 머리 위에서 내리쬐었다. 새벽 4시부터 시작된 전투가 정오가 가까워지도록 끝나지 않고 있었다.

이우근은 갑자기 슬퍼졌다. 적진에서 반응이 없자 엎드려 편지를 쓰기 시작했다.

어머니!

나는 사람을 죽였습니다. 그것도 돌담 하나를 사이에 두고 10여 명은 될 것입니다. 나는 4명의 특공대원과 함께 수류탄이라는 무서운 폭발물을 던져 일순간에 죽이고 말았습니다. 수류탄의 폭음은 내 고막을 찢어버렸습니다. 지금 이 글을 쓰는 순간에도 귓속에는 무서운 굉음으로 가득 차있습니다. 적은 다리가 떨어져나가고, 팔이 떨어져나갔습니다.

너무나 가혹한 죽음이었습니다. 아무리 적이지만, 그들도 사람이라고 생각하니……. 더욱이 같은 언어와 같은 피를 나눈

동족이라 생각하니, 가슴이 답답하고 무겁습니다.

어머니!

전쟁은 왜 해야 하나요? 이 복잡하고 괴로운 심정을 어머님께 알려드려야 내 마음이 가라앉을 것 같습니다.

저는 무서운 생각이 듭니다. 지금 내 옆에서는 수많은 학우들이 죽음을 기다리는 듯, 적이 덤벼들기를 기다리며 뜨거운 햇볕 아래 엎드려있습니다. 적은 침묵을 지키고 있습니다. 언제 다시 덤벼들지 모릅니다. 적병은 너무 많습니다. 우리는 겨우 71명입니다. 이제 어떻게 될 것인가를 생각하면 무섭습니다.

어머니! 어서 전쟁이 끝나고, 어머니 품에 안기고 싶습니다. 어제 저는 내복을 손수 빨아 입었습니다. 물 냄새 나는 청결한 내복을 입으면서 저는 두 가지를 생각했습니다. 어머님이 빨아주시던 백옥 같은 내복과 내가 빨아 입은 내복을 말입니다.

그런데 저는 청결한 내복을 갈아입으며 왜 수의를 생각해냈는지 모릅니다. 죽은 사람에게 갈아입히는 수의 말입니다.

어머니, 어쩌면 제가 오늘 죽을지도 모릅니다. 저 많은 적이 그냥 물러갈 것 같지 않습니다. 죽음이 무서운 게 아니라 어머님도 형제도 못 만난다고 생각하니 무서워지는 것입니다.

하지만 저는 살아 돌아가겠습니다. 어머니! 저는 꼭 살아서 다시 어머님 곁으로 돌아가겠습니다.

상추쌈이 먹고 싶습니다. 찬 옹달샘에서 이가 시리도록 차가운 냉수를 한없이 들이켜고 싶습니다.

아! 놈들이 다가오고 있습니다. 살아서 다시 쓰겠습니다. 어머니 안녕…… 안녕…… 아, 안녕은 아닙니다. 다시 살아서 갈 테니까요.

이우근은 적들이 다가오자 재빨리 편지를 주머니에 구겨넣고 총을 움켜쥐었다. 이미 시간은 오후 2시를 향하고 있었다. 그때 적이 투항을 권고하는 방송을 했다. 길안영이 벌떡 일어나서 적을 향해 욕설을 퍼부었다. 그러자 적들이 맹렬한 사격을 가했다. 총상을 입고 길안영이 쓰러지자, 금병선이 일어나 대응 사격을 하다 적의 집중사격을 받고 거꾸러졌다.

"금병선!"

길안영이 울부짖었다. 이우근은 눈앞에서 피를 흘리며 죽어가는 금병선을 보자 공포가 엄습해왔다.

"흥분하지 마라!"

김용섭이 학도병에게 명령했다. 마침내 적이 새카맣게 몰려오기 시작했다.

"사격!"

김용섭이 명령을 내리자 일제히 사격을 개시했다. 적들도 요란하게 사격을 해댔다. 이우근도 적을 향해 맹렬하게 사격했다. 탄창을 여러 차례 갈아 끼우면서 무수히 밀려오는 적을 향해 M1을 난사했다. 적은 시체가 되어 즐비하게 나뒹굴면서도 공격을 멈추지 않았다. 이미 좌우의 3사단 후방 지휘소 병력이 전멸한 상태에서 학도병은 엄청난 숫자의 적을 맞이해 혈전을 치러야 했다.

오후 2시 40분 학도병의 실탄이 떨어졌다. 수류탄을 들었다. 적이 가까이 오자 동시에 수류탄을 던졌다. 요란한 굉음과 함께 앞에 오던 적이 쓰러졌다. 수류탄이 떨어지자 돌격해오는 적과 백병전을 벌였다. 학도병 중대장 김용섭이 쓰러지고, 유병욱과 김일호가 넘어졌다.

마치 영화의 한 장면 같다고 이우근은 생각했다. 빗발치듯 날아오는 총탄을 향해 학도병은 달려가고, 그들의 몸에서 피가 튀었다.

'어머니!'

이우근은 이를 악물고 적을 향해 돌진했다. 가슴이 화끈하면서 무언가 꿰뚫고 지나가는 것이 느껴졌다.

'총에 맞았다.'

순간적으로 풀쩍 뛰어올랐다가 쓰러졌다. 가슴에서 뜨거운 것이 콸콸 쏟아졌다. 이우근은 앞을 바라보았다. 그는 열차를 타고 고향으로 가고 있었다. 어머니를 향해 손을 흔들며 달리고 있었다.

이우근은 1950년 8월 11일 포항여자중학교 울타리 앞에서 전사했다. 이날 전투에서 제3사단 학도병 71명 중 48명이 산화했다.

포항 전투는 약 한 달간 치열한 공방전을 계속해 무수한 사상자를 냈다. 국군이 포항여중을 탈환하고 시신을 거두어 매장할 때 이우근의 주머니에서 편지가 발견되었다. 이 편지는 3사단 정훈장교에 의해 알려져 많은 사람의 눈시울을 적셨다. 최근에는 그의 일대기가 영화로 만들어지기도 했다.

연합군이 부산에 상륙하고, 학도병과 국군의 결사 항전으로 전쟁의 양상이 달라졌다. 제공권을 장악한 연합군은 낙동강에 최후의 교두보를 설치하고, 북한군에 포탄 세례를 퍼부었다. 북한은 강제 동원한 의용군까지 낙동강 전선에 투입했으나 고전했다.

항도 부산은 피난민과 미군으로 들끓었다. 대구 전선이 위태로워지면서 경상도 주민들도 열차를 타고 부산으로 왔다. 미군을 비롯한 연합군이 계속 상륙하고, 청년들은 입대하여 제주에서 훈련받고 전선에 투입되었다. 그들 대부분은 부산을 거쳐갔다. 불과 한 달 사이 인구가 수십 배 불어난 부산에는 살 집이 부족했다. 천막을 치고 판잣집을 지었지만, 많은 피난민이 노숙했다. 누구나 굶주렸으나, 불안을 달래기 위해 술을 마셨다. 전투가 한창이었으나 다방과 바bar가 성업이었다.

부산과 제주도를 제외한 남한 전 지역을 북한이 점령했다. 최후의 승리를 위해 그들은 병력 수만 명을 투입했다. 미군은 전폭기로 폭탄을 투하하고 포탄을 쏟아부었다. 낙동강 전선에서 북한군

수만 명이 목숨을 잃었다.

연합군은 현대화된 무기와 군수물자를 한국군에 공급하며 인천 상륙작전을 시도했다. 반면 북한은 군수물자가 바닥나 더 이상 방어할 여력이 없었다. 9월 15일, 인천에 상륙한 한국군과 연합군은 서울로 진격했다. 미군의 전투력과 무기 체계가 월등했고, 게다가 전투기와 함포가 북한군을 향해 맹폭을 가했다. 필사적으로 방어했으나, 인천에서 서울로 이어진 국도에는 북한군 시신이 즐비하게 널렸다.

9월 28일 서울이 수복되었다. 한국군과 연합군이 38선에 이르렀는데, 미군은 더 이상 진격하려 하지 않았다. 미국의 목표는 38선 이남의 수복이었다.

'이 기회에 통일을 해야 한다.'

국군은 38선을 돌파해야 한다고 주장했다. 양측이 팽팽하게 맞설 때 이승만 대통령이 북진 명령을 내렸다.

"북진 통일을 완수하라."

명령이 떨어지자 국군은 38선을 돌파하여 평양으로 진격했다. 연합군 사령관 맥아더는 국군 단독으로 북진하자 대노했다. 그러나 이미 엎질러진 물, 그도 어쩔 수 없이 연합군에게 북진을 명령했다. 북한 정권은 다급히 소련과 중국에 구원을 청했다.

"38선 이남으로 퇴각하지 않으면, 우리가 개입할 것이다."

중국이 미국을 향해 선언했다.

"중국이 개입하면, 만주까지 진격하겠다."

맥아더 사령부는 중국에 선전포고했다. 중국군은 이미 대대적으로 이동 중이었다. 맥아더는 중국이 미국을 상대로 전쟁을 벌이지 않을 거라 예상했다. 그러나 오산이었다. 국군은 이미 혜산진까지 진격했고, 북한 지역 대부분을 국군과 연합군이 장악했다.

중국은 압록강을 건너 국군과 연합군을 대대적으로 타격했다. 중공군 수십만 명이 투입되면서 전쟁은 국군과 연합군에 불리하게 전개되었다.

"중공군이 까맣게 몰려온다."

이른바 인해전술이었다. 국군과 연합군은 서둘러 퇴각했다. 피난민이 맹렬한 추위 속에서 남으로 내려오다가 얼어죽거나 굶어죽었다. 중공군이 파죽지세로 내려오자 서울은 공황에 휩싸였다. 사람들은 또다시 피난 열차에 올라탔다. 6월 25일에 미처 피난을 가지 못해 적 치하에서 90일 동안 공포와 불안에 떨었던 시민들이 피난 열차로 몰렸다. 1951년 1월 4일이었다. 날씨는 살을 엘 듯이 추웠다. 부산으로 달리는 열차에 눈보라가 몰아쳤다. 미처 열차를 타지 못한 사람들은 걸어서 한강을 건너 남으로 남으로 피난을 떠났다.

항도 부산에 또다시 수십만 명이 몰려들었다. 흥남에서는 배가 피난민을 실어날랐다. 1950년 10월 1일 동부전선에서 38선을 돌파한 국군 제1군단은 북한군을 계속 추격해 11월 중순에는 수도사단이 청진을, 제3사단이 합수를 각각 점령했다. 제3사단 일부는 미 7사단 17연대와 함께 두만강 연안 혜산진에 진격해 압록강 나루에 이르렀다. 그러나 중공군이 압록강을 건너 대대적으로 공격해와 철수하지 않을 수 없었다. 개마고원과 압록강 일대는 영하 30도를 오르내리는 강추위가 몰아쳤다.

국군 제3사단이 12월 10일 성진을 출항하여 부산으로 후퇴했다. 함경북도 지역에 남아있던 미군 3개 사단과 국군 수도사단은 흥남으로 집결하여 철수하기로 했다. 그들은 미 제10군단의 지휘를 받으면서 흥남 부두 철수 작전을 세웠다.

중공군 제9병단 예하 5개 사단과 북한 공산군 2개 군단 등 약 9만 명에 이르는 적군이 포위망을 좁혀왔다. 미 제10군단은 흥남시 외곽에 3중의 견고한 방어선을 구축하고, 함포 사격과 전폭기를 동원하여 철수 작전을 감행했다. 12월 15일 미 해병 제1사단이 탄 수송선이 출항하고, 17일 국군 수도사단, 21일 미 제7사단이 차례로 흥남 부두를 떠났다. 12월 24일 미 제3사단을 마지막으로 철수가 완료되었다.

유례를 찾아볼 수 없는 세계 최대 규모의 해상 철수 작전이었다. 이 작전에서 국군과 연합군은 10만 5000명의 병력과 1만 7000대의 차량을 비롯한 대부분의 장비와 물자를 이동시켰고, 9만 1000명에 이르는 북한 피난민까지 탈출시켰다.

부산으로 끝없이 밀려오는 피난민을 미군은 천막을 치고 수용했다. 그러나 수많은 난민이 아사하거나 동사했다.

일시 후퇴한 미군과 국군은 다시 반격했다. 인해전술로 밀어붙인 중공군도 우세한 화력 앞에서 물러설 수밖에 없었다. 3월 18일 국군과 미군은 서울을 재수복했다. 그러나 38선 인근에서 치열한 공방전이 전개되었다. 미국 대선이 시작되고, 한국전쟁이 중요 이슈로 떠올랐다. 그들은 태평양 건너 작은 나라 한국에서 미국인이 속절없이 죽어가는 것을 바라지 않았다. 제2차세계대전을 승리로 이끈 아이젠하워는 대통령이 되면, 한국전쟁을 종식시키겠다고 선언했다. 그는 당선되었고, 한국을 방문하여 휴전회담을 적극적으로 밀어붙였다.

마침내 1953년 휴전협정이 조인되고, 전쟁은 끝났다. 이승만은 통일을 이룰 때까지 전쟁을 멈출 수 없다고 했으나, 아이젠하워는 강경했다. 전쟁을 종식하는 대신, 한국의 전후 복구를 약속했다.

전쟁은 멈췄으나, 남은 것은 상처뿐이었다. 피아 간 수백만 명의 사상자가 발생하여 고아, 과부가 넘치고 실업자와 거지가 거리를 휩쓸고 다녔다. 건물은 무너졌고 아무것도 남은 것이 없었다.

한국은 원조를 받아 전후 복구에 나섰다. 부산에 피난 온 이들은 고향으로 돌아갔다. 고속도로가 없던 시절, 수많은 사람이 고향을 향해 부산역에서 열차를 탔다. 그중에는 연인도 있었다. 그들은 눈물로 작별했다.

보슬비가 소리도 없이 이별 슬픈 부산 정거장

잘 가세요 잘 있어요 눈물의 기적이 운다

한 많은 피난살이 설움도 많아

그래도 잊지 못할 판잣집이여

경상도 사투리의 아가씨가 슬피 우네

이별의 부산 정거장

유호 작사, 박시춘 작곡의 〈이별의 부산 정거장〉은 남인수가 불러 큰 인기를 얻었다. 많은 사람이 피난살이를 마치고 고향으로 돌아가면서 눈물을 흘렸다. 부산에서 보낸 3년은 춥고 배고프고 고달픈 나날이었으나, 전쟁이 끝나자 그동안 살던 판잣집이며 천막조차 잊을 수 없었던 것이다.

목이 메인 이별가를
불러야 옳으냐

전쟁은 끝이 났다. 그러나 전쟁의 상흔은 도처에 남았다. 유엔의 원조로 전후 복구에 나선 한국은 폐허 더미와 씨름해야 했다. 식량은 턱없이 부족했고 공장이 파괴되어 거리에는 실업자가 넘쳤다.

한국의 초대 대통령 이승만은 국부國父로 불릴 만했으나 여러 가지 실책을 저질렀다. 1947년 11월 유엔총회는 총선거를 통해 한국 독립을 결의한다. 1948년 5월 유엔 한국 임시 위원단UNTCOK의 감시하에 남한에서 총선거가 실시되었다. 이어 구성된 제헌국회에서 이승만은 초대 국회의장이 되었다. 그는 영향력을 발휘하여 대통령 중심제 헌법을 제정하고, 7월 20일 초대 대통령으로 선출되었다. 8월 15일 대한민국 정부 수립과 함께 건국 대통령으로 취임한 그는 농지개혁을 단행하고, 의무교육제를 도입하였으며, 공산주의자에 대해 강경하게 대응했다.

한국전쟁이 발발하자 그는 대미 외교를 통하여 미군과 연합군을 신속하게 개입시켜 남한의 적화통일을 막았다. 그러나 한국전쟁으로 정부가 부산에 피난해있던 1951년 12월 자유당自由黨을 창당하고, 1952년에는 대통령직선제 개헌안을 통과시켰다. 1954년 국회는 이승만에게 대통령 3선 금지를 면제해주는 사사오입四捨五入 개헌을 통과시킴으로써 민심을 잃었다.

1956년 자유당에서는 이승만이 대통령 3선에 도전하고, 민주국민당에서는 신익희가 대통령 후보에, 장면이 부통령 후보로 출마했다. 이승만과 자유당 정권의 부패에 실망한 국민은 신익희와 장면에게 열화와 같은 지지를 보냈다.

1956년 5월 2일 한강 백사장에서는 신익희의 선거 유세가 열렸다. 이곳에 자그마치 30만 인파가 몰렸다. 당시 서울 인구가 150만에 지나지 않았음을 상기해보면 30만 인파는 그야말로 엄청난 것이었다. 이른 아침부터 한강 백사장으로 가는 길은 인파로 가득해 차들이 다닐 수조차 없었다.

> 이날 한강으로 밀려드는 시민들은 닥치는 대로 버스와 전차를 집어타고는 '빨리 가라!'고 호령호령 (……) 때 아닌 손님들로 차 안이 터져나갈 듯하자 영문을 모르는 운이 동그라진 채 차를 몰아대는데. 하오 1시경 요란하게 달려온 수많은 교

통순경들은 남대문 앞서부터 서울역, 갈월동, 용산, 한강에 이르는 사이에 순식간에 쫙 깔려 즉시 교통정리차 교통차단에 착수. 먼저 노량진행 전차가 정거되고 버스도 스톱되고 말았다. 동동거리면서 차에서 내린 승객들은 한강으로 한강으로 걸어 나가 양쪽 인도 위는 대혼잡 (……)

〈동아일보〉가 보도한 내용이다. 경찰은 교통정리를 한다는 핑계로 전차와 버스 운행을 중지시켰으나 시민들은 걸어서 한강으로 몰려들었다.

"이야, 굉장하구나. 길이 꽉 막혔어."

"왜 이렇게 사람들이 많이 몰려드는 거야?"

"신익희 후보가 정견 발표를 하잖아."

한강 백사장을 향해 가던 군중도 놀랐다. 이는 백사장으로 향하던 민주당 지도부도 마찬가지였다. 조병옥, 장면 등 민주당 지도부는 이 어마어마한 군중을 보고 놀라움을 금치 못했다.

"해공 선생, 아무래도 30만은 모일 것 같습니다. 늘어선 사람 끝이 보이지 않습니다."

조병옥이 신익희에게 말했다.

"이는 우리 국민이 민주주의를 갈망하기 때문입니다."

신익희는 국민의 염원에 가슴이 뭉클했다.

"신익희 후보다!"

"장면 부통령 후보도 있다!"

신익희와 장면을 알아본 군중이 길을 비켜주며 일제히 박수를 쳤다. 신익희는 만면에 미소를 짓고 손을 흔들었다. 민주당 지도부는 박수갈채를 받으면서 백사장에 설치된 연단으로 올라갔다.

"친애하는 시민 여러분! 민주당 대통령 후보 신익희올시다."

마침내 신익희 후보의 연설이 시작되었다. 수십만 군중은 한목소리로 환호성을 질렀다.

"오늘 한강 백사장을 가득 메워주신 시민 여러분! 여러분이 아시다시피 나는 해방이 되기 전에 약 30년간이나 외국에서 망명 생활을 하던 사람입니다. 오랜 세월 망명 생활을 하면서 본국에 살고 있는 부모 형제자매 동포들이 그리워서 밤낮으로 울고 한숨지었습니다."

신익희의 말에 모두 숙연해졌다. 그는 상하이에서 임시정부를 만들고 갖은 고초를 겪으면서 26년 동안 독립운동을 했다.

"우리가 오늘날 사는 이 나라는 옛날과 달라서 민주국가입니다. 백성이 제일이요, 백성이 주장하는 나라입니다. 그러므로 민주국가에서 제일 주의하는 것은 법으로 다스리는 나라다, 이것입니다. 민주국가를 다른 말로 바꾸면 법치국가라고 할 수 있습니다. 물론 옛날에는 지키지 않으면 목을 자르던 때도 있었지만, 임금이 다스리던 때의 법과 지금의 법은 다릅니다."

신익희는 민주국가란 다름 아닌 법치국가임을 강조하고 법을 지키는 일은 대통령도 예외일 수 없다고 말했다.

"여러분, 이것저것 이야기할 거 없이 우리 국민이 잘 살아가도록 민주정치를 해야 하는 것이에요. 전 국민이 그 참 옳다, 우리 정부야말로 우리 국민을 살게 하는 정부다, 우리는 정부 없이 살아갈 수가 없구나, 남녀노소를 막론하고 이와 같은 시대가 오도록 정치를 해야 한다, 이 말입니다. 이렇게 되면 북쪽 공산치하에서 신음하는 수많은 이북 동포들이 목을 길게 늘여서 하루빨리 대한민국, 우리 조국의 품으로 한시 바삐 돌아가서 자유롭게 행복하게 살자 하는 터전을 우리가 만들어야 하는 것입니다. 그러나 오늘날의 형편을 살펴보면, 국민은 생활고에 허덕이는데 큰소리만 치는 것은 공수표에 지나지 않습니다. 그러니 못살겠다, 갈아보자는 말이 나오는 것입니다."

사상 최대의 인파가 모여 자유당 정권을 경악하게 만들었던 이날 연설에서 신익희 후보는 이승만 정권을 신랄하게 비난했다. 약 1시간 반 동안이나 계속된 그의 연설에 군중은 열광했다.

투표가 열흘밖에 남지 않은 5월 4일 신익희 후보는 예정에 없던 이리와 전주 유세를 가기로 했다. 민주당 지도부가 호남 세를 확장하기 위해 특별 유세를 요청했던 것이다. 신익희는 몹시 피곤했으나 5월 4일 밤 10시 전주로 가는 호남선을 탔다. 부통령 후보인 장면과 수행 의원, 비서진 모두 여수행 제33열차에 몸을 실었다. 하루 내내 유세와 인터뷰를 하고 선거 대책을 논의하느라 신익희는 쉴 틈이 없었다.

"열차는 내일 새벽에 도착할 겁니다. 우리 그동안 눈 좀 붙입시다."

신익희가 피로한 듯이 장면에게 말했다.

"그리 하시죠. 제가 2층을 쓸 테니까 선생께서 아래층을 쓰십시오."

기차가 플랫폼을 빠져나가자 밖을 내다보고 있던 장면이 대답했다. 신익희와 장면이 탄 열차는 침대칸이었다.

"허허. 그러시겠습니까?"

신익희는 부드럽게 웃고 눈을 감았다. 장면이 2층 칸으로 올라갔다. 열차는 덜컹대면서 한강 철교를 건너 남쪽으로 달렸다. 신익희는 잠이 오지 않는지 간간이 눈을 뜨고 밖을 내다보았다. 열차는 캄캄한 어둠 속을 쉼 없이 헤쳐나갔다.

신익희와 장면이 탄 객실 옆에는 조재천 의원과 신창현 등이 잠을 자지 않고 유세 준비를 했고, 그 옆 칸에는 경호원이 대기하고 있었다.

자정이 지나고 열차가 호남선으로 바뀌었다. 신익희는 새벽 4시가 지났을 때 눈을 떴다. 아직도 사방은 어두컴컴했다.

"몇 시인가?"

신익희가 앞에 앉아있는 경호원에게 물었다.

"5시가 가까워지고 있습니다."

눈을 감고 있던 경호원이 깜짝 놀라서 대답했다.

"아직 날이 밝으려면 멀었으니 더 주무십시오."

신가희가 신익희에게 말했다.

"자네들 아직도 자지 않고 있었나? 차 안이니 걱정하지 말고 눈 좀 붙이게."

신익희가 경호원들에게 말했다. 그들은 모두 경찰 간부 출신이었다.

"저희는 조금 잤습니다."

신가희가 대답했다. 그때 신창현이 옆 칸에 있다가 들어왔다.

"변소에 좀 가야겠어."

"예. 저희들이 모시겠습니다."

신창현이 대답했다. 그들은 신익희를 부축하여 열차 안에 있는 화장실로 갔다. 신익희는 화장실에 다녀올 동안 아무 이상이 없었다. 신창현이 시계를 보자 4시 40분이었다. 신익희가 화장실에 들렀다 와서 보니 장면도 깨어있었다. 그는 2층 칸에서 내려와 신익희와 나란히 앉았다.

"잘 주무셨습니까? 날씨가 좋지 않은 것 같습니다."

장면이 창을 내다보고 말했다. 밖은 희미하게 여명이 밝아오고 있었으나 잔뜩 흐렸다.

"예, 운석도 잘 주무셨소?"

신익희가 웃으면서 대답했다.

"여기가 어디요?"

"강경을 지나 논산을 향하고 있습니다."

"그럼 천천히 준비를 해야겠군."

신익희는 와이셔츠를 갈아입고 보타이를 맸다. 갑자기 신익희의 고개가 앞으로 수그러졌다.

"선생님!"

장면이 깜짝 놀라서 소리를 질렀다. 신창현과 신가희도 놀라서 신익희를 쳐다보았다.

"선생님, 괜찮으십니까?"

장면이 신익희의 어깨를 흔들었다. 그러나 이미 의식이 없었다.

"의사를 불러요, 의사를 불러!"

장면이 경호원에게 외쳤다. 경호원들이 열차를 뛰어다니면서 의사를 찾았다. 그러나 열차 안에는 의사가 없었다. 경호원이 황급히 여행용 가방으로 신익희의 머리를 받치고 인공호흡을 시도했으나 소용이 없었다. 5월 5일 새벽 5시 15분이었다. 기차는 용안을 지나 함열을 향해 달리고 있었다.

"열차를 빨리 달리라고 하세요."

장면이 재촉했으나 뒤늦게 이리역에 도착했다. 경호원들이 신익희를 업고 열차에서 내렸다. 승객들이 몰려와 의아한 표정으로 쳐다보다가 신익희가 열차에서 쓰러졌다고 하자 외마디 비명을 지르면서 안타까워했다. 이리역에 마침 육군 장군이 탄 지프차가 한

대 있었다. 비서 신가희가 사정을 말해 지프차를 빌려 타고 이리에서 가장 큰 호남병원으로 달렸다.

"어찌 되었습니까?"

장면이 진찰한 의사에게 물었다.

"심장마비 같습니다."

"회복할 수 있겠지요?"

"이미 운명하셨습니다."

의사의 말이 떨어지자마자 비서와 경호원들이 울음을 터트렸다.

"아닙니다. 뭔가 잘못된 겁니다. 다시 진찰해보십시오."

장면이 의사에게 소리쳤다. 장면은 너무나 뜻밖의 일이라 눈물조차 나오지 않았다. 호남병원에는 신익희가 실려왔다는 소문을 들은 이리 시민들이 몰려와있었다. 그들은 신익희가 급서했다는 말을 듣고 통곡했다. 병원은 순식간에 울음바다가 되었다.

해공 신익희의 급서는 많은 사람을 충격에 빠뜨렸다. 국민은 부패한 이승만 정권이 무너지고 민주 정권이 수립되리라 기대했으나 뜻밖의 사태를 만난 것이다. 신익희의 갑작스러운 죽음으로 민주당과 국민은 비통했으나 자유당은 환호했다. 사람들은 그의 죽음에 180여 만이 애도표를 던졌고 호남선을 타고 오가는 이들은 눈물을 흘렸다. 민주당 대통령 후보가 사망한 상태에서 실시된 선거에서 민주당의 장면이 부통령으로 당선되었다.

목이 메인 이별가를 불러야 옳으냐
돌아서서 이 눈물을 흘려야 옳으냐
사랑이란 이런가요 비 나리는 호남선에
헤어지던 그 인사가 야속도 하더란다

손로원이 쓰고 박춘석이 작곡하여 손인호가 부른 〈비 나리는 호남선〉은 신익희의 사망으로 일대 최고의 인기곡이 되었다. 이 노래는 마치 신익희의 애도가처럼 호남선을 타고 내리던 수많은 사람의 목을 메이게 했다.

다시 못 올 그 날짜를 믿어야 옳으냐
속을 줄을 알면서도 속아야 옳으냐
죄도 많은 청춘이냐 비 나리는 호남선에
떠나가는 열차마다 원수와 같더란다

정권 교체의 야망은 노랫말과 절묘하게 어우러지고 있었다. 심지어 이 노래를 신익희의 미망인이 작사했다는 소문이 퍼지면서 더욱 널리 부르게 되었다.

어찌되었든 신익희의 죽음으로 정권 교체의 바람은 사라졌다. 이승만은 어느덧 76세가 되었고, 정권 실세는 국회의장 이기붕이었다. 그는 서대문 대통령으로 불리면서 3선 개헌을 하고 독재 정치를 했다. 관리들은 부정선거에 앞장섰다. 거리의 깡패인 임화수, 이정재, 유지광 등을 끌어들여 민주 투사를 탄압하고 부패한 정치를 일삼았다.

1960년 대통령 선거에 자유당은 이승만을 대통령 후보에 이기붕을 부통령 후보로 내세웠다. 민주당에서는 조병옥이 대통령 후보로 나섰다. 그러나 한창 선거가 진행 중일 때 조병옥은 갑자기 심장마비를 일으켜 치료차 부랴부랴 미국으로 떠났고, 결국 사망했다. 이로 인하여 이승만은 경쟁 없이 대통령에 당선되었다. 이제 국민의 관심은 이기붕과 장면의 부통령 선거에 집중되었다.

이기붕은 대중석인 지지를 받지 못하고 있었다. 그러나 온갖 부정한 방법을 동원해 이기붕이 당선되었다. 마침내 국민은 분노했다. 1960년 3월 15일 마산에서 부정선거를 규탄하는 시위가 일어난다. 그리고 실종되었던 김주열 군의 시체가 발견되면서 시위는 전국으로 번졌다. 4월 18일 서울대가 시위에 참여하고 19일에는 서울 대부분의 학교가 시위에 동참하면서 4·19혁명이 태동했다. 4월 26일 이승만 대통령은 하야한 뒤 하와이로 떠나고 자유당 정권은 붕괴한다.

허정의 과도정부를 거쳐 총선거를 다시 실시하여 내각책임제 하의 국무총리에 장면이 당선되었다. 그러나 장면 정권은 불과 1년도 버티지 못하고 5·16 군사정변으로 실각했다.

스위치백은 사라지고…
열차 유정

 기차가 길게 기적 소리를 울렸다. 드디어 열차는 태백선에서 영동선으로 넘어가 통리역을 지나려고 했다. 예외 없이 기관사는 안내방송을 했다. 영동선 흥전역에서 나한정 구간 사이에 있는 '스위치백'이 시작된다고 알려주었다. 종길은 방송을 듣자 가슴이 뭉클해져왔다. 1963년 영동선이 개통한 이래 얼마나 많이 이 열차를 타고 오갔는가. 거기까지 생각이 미치자 잃어버린 고향을 찾아오는 양 가슴이 설레었다.
 남한에서 유일하게 남아있는 스위치백 구간. 강원도 산세가 워낙 험해 철길을 직선으로 놓을 수 없어서 산허리를 에둘러 달리게 한 공법이다. 철로를 '之'자 모양으로 건설하여 열차가 중간에 후진하다가 다시 전진하는 것이다. 비록 몇 분에 지나지 않지만 기차가 뒤로 가다가 앞으로 가게 된다.

영동선을 타면 외롭고 적막하다. 대부분 구간이 산속 오지를 달리니 기차도 느릿느릿, 그리고 쉬엄쉬엄 달린다. 옛날에는 하루도 거르지 않고 영동선을 탔었지. 그때는 사람들이 가득 찼다. 곳곳에 있는 탄광에서 일하러 몰려오는 광부, 통학하는 학생, 친척집에 가는 사람 등 열차 안은 발 디딜 틈이 없었다. 느리게 달리기 때문에 기차 안에서 술타령을 해도 역무원이 탓하지 않았다. 영동선은 강원도 오지 사람의 유일한 교통수단이었다.

종길은 떠돌이 장사꾼이었다. 옷가지 등을 도시에서 떼어다가 강원도 산간 오지에 팔고, 그곳에서 나는 산나물이며 농산물을 도시에다 팔았다. 특히 묵호항에서 생선을 떼다가 영동선의 여러 역에서 팔곤 했다. 역마다 장날이 달라 매일같이 영동선을 타고 장사를 다녔다.

열차가 기적 소리를 뿜으며 강원도 삼척의 도계읍에 이르렀다. 종길은 선반에서 가방을 챙겨 내렸다. 예전과 달리 도계역 광장은 황량하게 비어있었다.

'없어졌구나!'

도계읍 쪽으로 걸음을 떼어놓던 종길은 을씨년스런 풍경을 마주하고 걸음을 멈췄다. 그 옛날 도계읍에 오가는 장사치와 광부에게 국밥을 팔던 묵호집, 그 자리가 덩그러니 비어있었다.

단층 함석지붕 먼지가 잔뜩 내린 유리창에는 순댓국, 국밥, 왕대포, 실비 제공이라고 씌어있고, 문을 열고 들어서면 30대 후반의 묵호 댁이 시어머니와 함께 술이며 국밥을 팔았다.

"오늘은 장사 좀 했소?"

도계읍에 들를 때마다 종길은 그 집에서 국밥을 사먹곤 했다.

"그럭저럭 본전치기는 했지요."

"오늘은 뭘 팔았어요?"

"물오징어 떼어다가 팔았수다."

"맛있겠다. 남은 거 없어요?"

"그러잖아도 묵호 댁 생각해서 두어 마리 남겨왔지요."

"어머머, 정말이세요?"

"노소. 서싯인가?"

"이번 반공일에 우리 애들 온다고 했는데, 데쳐서 먹여야겠네."

종길은 물오징어 담긴 그릇을 넘겨주었다. 묵호 댁이 반색을 하고 받아서 가지고 들어갔다. 산간 오지 도계읍은 해산물이 귀했다.

묵호집에는 항상 손님이 많았다. 묵호 댁이 과부기도 했지만, 도계가 인근 광산에서 생산되는 석탄과 갱목의 집결지였다. 갱목은 태백, 정선, 함백 같은 탄광 지대로 실려가고, 석탄은 도시로 갔다. 광부며 벌목공이 그치지 않았고, 돈이 흥청거려 술집까지 많았다.

"묵호 댁, 서울 구경은 해봤소?"

"우리 같은 시골 사람이 어떻게 서울 구경을 합니까?"

"내가 서울 구경 시켜드리리까?"

"참말로요?"

"창경원에 벚꽃이 좋다고 합디다. 백화점에 가서 옷도 사고……."
"좋기는 하지만서도 내가 어떻게 서울에 가겠어요?"
"그러지 말고, 갑시다. 내일 아침 7시에 도계역으로 나오면 서울 구경 시켜드리겠소. 이것저것 생각 말고 꼭 나오시오."

종길은 대답도 기다리지 않고 나왔다. 묵호 댁이 거절할까 봐 두려웠기 때문이었다. 그날 밤 종길은 여인숙에서 한숨도 자지 못했다. 이튿날 일찍 일어난 종길은 아침도 먹지 않고 도계역으로 나갔다. 열차 시각이 가까워져 초조하게 기다렸다. 이른 시각인데도 열차 타려는 사람들로 도계역은 북새통이었다.

'아!'

종길은 갑자기 눈앞이 다 환해지는 것 같았다. 묵호 댁이 화사한 분홍색 치마저고리에 작은 보퉁이 하나를 들고 역으로 들어서고 있었다.

"오래 기다렸습니까?"

놀라서 입을 다물지 못하는 종길에게 묵호 댁이 물었다.

"아닙니다."

"표 끊어야지요."

"내가 벌써 끊었습니다."

종길은 시간이 되자 묵호댁과 함께 기차에 올랐다. 기차가 덜컹 움직이기 시작했다. 종길은 묵호 댁과 나란히 앉아서 여행하는 것이 꿈만 같았다.

"아침 안 드셨지요?"

"아, 예……."

"제가 김밥이랑 안주 거리 조금 싸왔어요."

보퉁이를 풀러 찬합을 열었다. 김밥과 삶은 고기가 들어있었다.

'자상한 여자구나.'

종길은 감동했다. 기차는 험한 산악 지대를 느리게 달렸다. 그러나 종길에게는 조금도 느리게 생각되지 않았다. 차창으로 지나는 강원도의 험준한 산악 풍경도 정겨웠다. 기차는 밤늦게 청량리역에 도착했다. 역 근처 허름한 여인숙에서 그들은 함께 묵었다.

"이름이 어떻게 되오?"

종길이 묵호 댁에게 팔베개를 해주고 물었다.

"필녀라고 합니다. 김필녀……."

"나는 임종길이오."

종길은 이튿날 아침 묵호 댁 손을 잡고 창경원을 구경했다. 묵호 댁은 연신 감탄을 아끼지 않았다. 벚꽃이야 강원도에서도 얼마든지 볼 수 있었으나, 원숭이, 곰, 물개 같은 동물이 신기했고, 무엇보다 상춘 가절을 맞아 창경원으로 나들이한 수만 명의 인파를 구경하는 것이 재미있었다. 백화점에 들러 산더미처럼 쌓인 물건도 봤다. 비싸기는 했지만 종길은 묵호 댁에게 옷 한 벌을 사주었다. 다음 날 아침 일찍 기차 타고 도계로 향했다.

돌아오는 기차는 축복과 같았다. 묵호 댁은 간간이 눈을 감고 잠을 잤는데, 그럴 때마다 종길의 어깨에 머리를 기댔다. 기적 소리가 길게 울리면 눈을 뜨고 그를 향해 배시시 웃었다.

기차는 해질 무렵 도계역에 도착했다. 종길은 다음 장날 다시 온다고 약속하고 헤어졌다. 그러나 종길은 묵호 댁을 두 번 다시 만날 수 없었다. 태백에서 물건 값을 흥정하던 광부와 주먹질을 하고 싸웠는데, 그가 눈을 까뒤집고 나뒹굴었다. 다행히 죽지는 않았으나 내장이 터져 병원에 실려가고 종길은 체포되어 재판을 받았다. 교도소에서 1년 만에 출소하여 묵호집을 찾아가자 필녀는 없었다.

"애 낳다가 죽었네."

필녀의 시어머니가 쌀쌀맞게 말했다. 종길은 가슴을 쥐어뜯는 듯한 슬픔을 느꼈다.

"무덤은……."

"서방 없는 계집을 어디다가 묻어? 화장해서 그냥 묵호항에 뿌리고 말았어."

묵호항으로 가는 길에 종길은 울었다. 그날 이후 종길은 장돌뱅이 생활을 접었다.

'벌써 30년이 넘었군.'

묵호집이 있던 곳은 자동차 정비 공장으로 변해있었다. 묵호 댁을 생각하자 가슴속으로 찬바람이 부는 것 같았다. 종길은 다시 도계역으로 돌아와 기차를 탔다. 기차는 기적을 울리고 강릉을 향해 출발했다.

도계역에서 나한정역 구간 사이에서 기차가 스위치백을 한다.

"어, 기차가 뒤로 가네."

영동선을 처음 탄 사람들이 놀라서 소리를 질렀다. 이미 안내방송이 나왔지만, 실제로 기차가 뒤로 가자 마치 미끄러지는 듯한 착각을 일으키는 것이다.

'이제는 스위치백도 없어진다는 말인가?'

영동선이 복선화되면서 스위치백 구간이 없어진다니 쓸쓸했다. 뉴스를 듣고 작심하여 영동선을 탄 종길이었다. 어쩌면 스위치백 구간뿐 아니라 영동선을 다시 타보고 싶었는지 모른다. 필녀와의 아련한 추억을 떠올리고 싶었는지도.

영자의 전성시대

박정희와 육사 8기생들은 쿠데타를 일으켜 군사 정부를 세웠다. 자유당 치하에서 부패한 정치를 했던 정치인, 깡패와 재벌도 구속되었다. 군사 정부는 대대적인 숙정肅正을 단행했는데, 이는 정권을 공고히 하려는 목적도 있었다. 박정희는 야심이 많은 인물이었다. 쿠데타로 정권을 잡은 뒤 불출마 선언을 반복하는가 하면, 민정 이양을 실시한다고 했다가 취소하는 등 자신의 발언을 스스로 몇 번이나 뒤집었다. 결국 제3공화국 헌법을 만들어 반포하고, 그는 대통령에 오른다.

대일본 강경 정책을 실시했던 이승만 정권과 달리 그는 한일회담을 열어 대일 청구권 자금을 받아 경제개발에 투자했다. 군인 출신이 정권의 핵심이 되고, 경제개발을 강력하게 밀어붙이자 지지부진하던 전후 복구가 비약적으로 이루어졌다. 곳곳에 공장을 세우고, 수출에 사활을 걸었다. '올해는 일하는 해' 같은 구호를 내걸고, 정권의 모든 역량을 경제 건설에 쏟아부었다.

철도는 경제 건설의 밑바탕이었다. 석탄과 시멘트를 운반하고, 생산품을 부산·인천 등 수출항으로 옮겼다. 1960년대 후반이 되자 철도만으로는 인력과 물자를 운송하는 데 한계가 있었다. 정부에서 경부고속도로를 건설하기 시작했다. 고속도로 건설에 노동자 수십만 명이 투입되고, 곳곳에 지어진 섬유 공장과 가발 공장에 여공이 필요했다. 노동력은 풍부했다. 농사를 짓는 것만으로는 생활이 어려웠던 농촌 출신 여성이 서울 공장에 다니기 위해 열차를 타고 올라왔다. 호남선과 경부선은 여공을 끝없이 서울로 실어날랐다.

제3공화국이 추진한 산업화의 부작용도 나타났다. 경제 발전을 위해 노동자의 인권은 철저하게 짓밟혔다.

구로 공단 납 인두를 들고
너희 오빠 등록금을 보탠다며
두 끼 라면으로 배를 채우던 그해 겨울
빈혈로 쓰러진 네 이마에 피었던
납을 먹고 자란 선홍의 그 꽃이
창밖 홍도화로 피어올랐도다
그 흔한 링겔 하나를 못 놔주고
달걀 한 줄 놓고 나서던

너희 방에는 한기가 서려 있었지

의사가 되면 무엇 하냐고

광순이 얼굴엔 납꽃이 피었는데

하루 결근에 오천 원을 깎는

광순이 월급은 삼만 원이었단다

적금을 부어 경리 학원에라도 나가

사무원이 되는 것이 꿈이라던

너의 고운 얼굴에 피었던 납꽃이

이곳 고척동 유배의 성전에도 피어올랐구나

가난을 사랑하자던 그 말

너의 손을 잡고 일러주던

행여 가난을 원수 갚지 말라던 그 말

스스로 타이르는 소리 왜 아니런가

창밖에 홍도화 피었는데

광순이 얼굴의 납꽃은 언제 지려나

시인이자 과학기술부 장관을 지낸 김영환이 긴급 조치 위반으로 구치소에 수감되었을 때 쓴 〈홍도화〉라는 시다. 시에 나타난 것처럼 1960~1970년대 여공은 병든 가족의 부양을 위해, 혹은 오빠의 등록금을 위해 일했다. 한국 경제는 그들의 손끝으로 성장하고, 그들의 피와 눈물로 발전했다. 수출 주도의 성장 정책은 재벌을 양산했으나, 노동자는 인간다운 삶을 살 수 없었다. 1960~1970년대 노동자의 삶은 사느냐, 죽느냐 하는 것뿐이었다.

　영자는 전라남도 목포 바닷가에서 태어났다. 아버지는 바다에 나가 고기를 잡았고, 어머니는 밭일을 했다. 어릴 때는 오빠, 여동생과 함께 다섯 식구가 비록 가난했지만 단란하고 행복하게 살았다. 그러나 아버지가 갑자기 병들면서 생활이 어려워졌다. 아버지는 아픈데도 술을 마셨고 가족에게 주정을 부렸다.

　영자는 아버지가 술주정을 할 때마다 집 뒤 언덕에서 철로를 바라보았다. 기적을 울리며 북쪽으로 달리는 열차를 보면서, 한 번도 가본 일 없는 서울에 가서 돈을 벌어야겠다고 생각했다. 많은 처녀들이 서울에서 번 돈을 집으로 부쳐주었다. 영자도 그러고 싶었다.

　'서울 올라가서 식모살이라도 할 거야.'

　영자는 기차를 볼 때마다 생각했다. 1968년 초여름 영자는 작은 보따리를 들고 호남선에 올라탔다. 목포역에는 호외가 뿌려지고 있었다. 미국의 대통령 후보 로버트 케네디Robert F. Kennedy가 암살되었다고 난리였다. 로버트 케네디는 매사추세츠 주에서 태어나 하버드 대학교를 졸업하고, 변호사로 활동하다가 형 존 F. 케네디가 대통령에 당선되면서 법무부 장관이 되었다. 그러나 형이 암살되자 민주당 대통령 후보에 출마하여 6월 4일 캘리포니아 주 예비선거에서 승리를 거둔 것을 비롯해 5개 주에서 승리를 거두고 있었다. 그가 호텔에서 지지자들에게 연설하고 주방 통로를 이용해 떠나려 할 때 팔레스타인 학생 시르한 비샤라 시르한Sirhan Bishara Sirhan의 총격을 받아 사망했다.

신문이 온통 그의 기사로 가득 채워져있었다.

영자는 케네디의 죽음보다 자신의 앞날이 더욱 걱정되었다. 아는 사람 하나 없이 서울에서 어떻게 취직할지 알 수 없었다. 그러나 두드리면 길이 열릴 거라고 생각했다. 기차는 마침내 목포역을 출발해 서울을 향해 달리기 시작했다. 기적 소리가 길게 울리고 열차가 덜컹거리며 내달리자 영자는 창밖을 내다보았다. 유달산이 점점 밀어지고 들판과 퇴락한 시골 마을이 지나갔다. 초여름 들판이라 초목이 무성했다. 정겨운 풍경이었다. 실개울과 버드나무, 모내기를 마친 논과 보리가 누렇게 익어가는 산비탈의 밭, 구불구불 이어지는 신작로와 미루나무…….

모두 정겹고 눈에 익은 것들이었다. 열차는 오래 달렸다. 전주를 지나고 대전을 지나 서울에 도착한 때는 해가 뉘엿거리며 떨어질 무렵이었다. 서울역 광장에는 수많은 사람이 물밀 듯 밀려오고 밀려갔다. 목포에서는 전혀 느낄 수 없었던 휘발유 냄새 같은 것도 느껴졌다. 영자는 옷 보따리를 가슴에 안고 사방을 두리번거렸다. 그때 한 여자가 웃으며 다가왔다.

"시골에서 올라왔나 봐."

중년 여자가 영자를 아래위로 살피면서 물었다.

"네."

누군가 자신에게 말을 건넨 것이 반가워 영자는 냉큼 대답했다.

"어디서 왔어?"

"목포요."

"나도 고향이 목폰데, 고향 사람 만나 반갑네. 취직할 거야?"

"네."

"내가 아는 사람이 있는데 소개해줄까?"

"정말이요?"

"목포에서 친척이 올라오기로 했는데 올라오지 않았대. 일은 바쁜데 사람은 없고……. 대신 일할 거야?"

"예."

"그럼 날 따라와. 이건 내가 들어줄게."

중년 여자는 보따리를 낚아채듯이 받아들고 앞서 걸었다. 영자는 고향 사람을 만난 것이 행운이라고 생각하면서 뒤따라갔다. 서울역 지하도로 들어가 건너편 골목으로 올라갔다. 어둑어둑 땅거미가 내리는데도 골목에는 여자들이 몰려나와 서성이고 있었다.

"또 하나 낚았네."

중년 여자를 향해 어떤 여자가 빈정거렸다.

"미친년, 이죽거리지 마!"

젊은 여자를 향해 무섭게 눈을 부릅떴다. 비로소 영자는 뭔가 잘못됐나 의심이 들었다. 공연히 따라왔다는 생각도 들었다. 그러나 여자가 보따리를 갖고 있으니 도망칠 수도 없었다. 중년 여자는 영자를 어떤 붉은 벽돌집 3층으로 데리고 올라갔다. 그리고 작은 방으로 들어가라고 했다. 영자는 쭈뼛거리면서 방으로 들어갔다. 중년 여자가 잠깐 기다리라 하더니 방문을 잠갔다.

영자는 벽 쪽에 쪼그리고 앉았다. 어느 방에서인지 남자의 거친 숨소리와 여자의 야릇한 신음 소리가 들렸다. 잠시 후 자물쇠 푸는 소리가 들리더니, 방문을 열고 들어온 사람은 뜻밖에 우락부락한 사내였다. 술 냄새가 왈칵 풍겼다.

"이년이 사람 처음 보나? 왜 그런 눈으로 보는 거야?"

사내는 공연히 시비를 걸어 마구 발길질을 했다. 이유도 까닭도 알지 못하고 매를 맞은 뒤 영자는 순결을 유린당했다. 며칠 동안 계속 짓밟히고 매 맞았다. 그리고 영자는 양동 사창가의 여자가 되었다.

양동에서는 때때로 서울역의 기적 소리가 들려왔다. 영자는 남자들을 받을 때마다 환청처럼 그 소리를 들었다. 가족을 위해 돈을 벌겠다던 영자의 꿈을 싣고 서울까지 달려온 기차였다. 그 기차를 타고 고향으로 돌아가고 싶었다. 그러나 영자는 이제 다시는 고향으로 돌아갈 수 없다는 걸 깨달았다.

1년이 지나고, 2년이 지났다.

영자는 몇 번이나 도망을 치려다가 깡패에게 끌려와 맞았다. 영자는 자신이 결코 사창가를 떠날 수 없다는 현실을 깨달았다. 남자들에게 청춘을 팔고 웃음을 팔아서 모은 돈을 고향으로 보내기 시작했다. 비록 많은 돈은 아니었으나, 아버지 약값과 동생들이 굶주리지 않기를 바랐다.

어느 날, 영자는 우산을 들고 골목으로 나갔다. 여자들이 비가 오는데도 눈웃음치면서 호객 행위를 하고 있었다.

"놀다 가세요."

그때 영자는 무엇인가 가슴으로 싸 하고 지나가는 것을 느꼈다. 전봇대 옆에 서있는 어린 여자, 너무나 낯익은 그녀는 동생 영순이었다.

"영순아."

"언니!"

영자는 영순을 끌어안고 몸부림치면서 울었다. 영순은 영자가 떠나고 2년 뒤 자신도 돈을 벌겠다고 기차를 타고 서울로 올라왔다가 펨푸에게 잡혀 양동 사창가로 끌려왔다고 했다.

"못난 계집애, 어쩌자고 이런 곳으로 끌려왔어?"

영자는 너무나 원통하여 영순의 등을 마구 때렸다.

"언니는 왜 이런 데 끌려왔어?"

영순이 울면서 소리를 질렀다. 영자와 영순은 밤새도록 껴안고 울었다. 자매는 서울역에 도착하고 출발하는 기차의 기적 소리를 들으면서 거리의 꽃이 되었다.

1970년 2월 4일, 설이었다. 많은 사람이 설을 맞이하여 선물 보따리를 들고 고향으로 내려갔다. 영자는 고향에 가지 못하고 사창가에 남았다. 대부분의 양동 여자가 귀성은 꿈도 꾸지 못했다. 영자는 물끄러미 창밖을 내다보았다. 고향에 가지 못하는 사람들이 남산에 놀러 올라가는 모습이 보였다. 남산 꼭대기에서 널도 뛰고 연날리기 행사도 한다고 했다. 그때 영자의 겉주머니에서 100원짜리 동전 하나가 떨어져 창밖의 추녀 지붕에 떨어졌다. 영자는 몸을 기울여 동전을 주우려 했으나 손이 닿지 않아 발뒤꿈치를 들고 몸을 기울였다. 그래도 닿지 않자 창문턱을 넘어 추녀 지붕으로 나갔다. 그녀는 몸을 웅크려 동전을 주우려 했다. 그러나 몸이 앞으로 쏠려 3층에서 떨어졌다.

나는 그 무렵 서울에서 떠돌이 목공 생활을 하고 있었다. 설날인데도 고향에 내려가지 못하고 갈 곳이 없어서 남산에 올라갔다가 터벅터벅 내려오는 길이었다. 문득 왼쪽 붉은 벽돌 건물이 즐비한 골목에 사람들이 잔뜩 몰려 웅성거리고, 가마니 밑으로 피가 뭉클거리고 흘러내리는 것이 보였다.

영자는 내가 그곳에 도착하기 몇 분 전 3층에서 추락한 것이다. 사람들이 웅성거리는 곳으로 갔다. 그때 어린 소녀가 달려오더니, 가마니를 들추고 머리에서 피가 흘러내리는 여자를 껴안고 울음을 터트렸다.

"언니!"

두 여자 다 맨발이었다. 나는 설날 아침에 맞이한 죽음에 큰 충격을 받았다. 이내 경찰이 오고 죽은 여자는 구급차에 실려갔다. 경찰은 죽은 여자의 신원을 조사했다. 사람들이 웅성거리면서 경찰관과 이야기를 주고받았다. 그곳이 서울에서 유명한 사창가라는 사실도 그때 처음 알았다.

  1년 뒤 나는 양동을 찾아갔다. 동료의 형이 거기 사는데, 서울역에서 지게꾼을 한다고 했다. 형을 만나러 가는데, 나를 데리고 간 것이다. 동생이 마냥 반가운 지게꾼 형은 우리를 중국집에 데리고 가 탕수육을 사주었다. 나는 지난해 추녀에서 떨어져 죽은 여자 이야기를 물어보았다.

  "영자? 돈 100원 줍다가 떨어져 죽었지. 동생이 있었는데 화장해서 바다에 뿌렸다는 말이 있더라."

  "동생은 어찌 되었습니까?"

  "영순이? 걔는 여기에 있어. 아까도 전봇대 밑에 있던데…… 노란 스웨터 입은 애 못 봤냐? 왜 마음에 들어? 소개해줄까?"

  지게꾼 형이 야릇한 표정으로 웃었다. 나는 고개를 흔들었다. 지게꾼 형과 헤어져 골목으로 내려오는데, 노란 스웨터를 입은 영순이가 어둠 속에서 꽃처럼 피어있다가 나와 동료를 보고 활짝 웃었다.

  "놀다 가세요."

  영순이 나를 향해 말했다. 그 순간 내 가슴속에서 무엇인가 둔중하게 울렸다. 그녀가 배시시 웃었다. 나는 그녀의 미소를 오랫동안 잊을 수 없었다.

열차는 애환을 싣고 달리고, 낭만을 싣고 달리고, 추억을 싣고 달린다. 1960~1970년대는 한편으로는 어렵고 비참한 시대이기도 했지만 약동의 시대이기도 했다. 1960년대에 추진했던 경제개발이 꽃피우기 시작하여 그 열매를 거두어들인 사람도 적지 않았다. 졸부가 생겨나고 하루아침에 재벌이 만들어졌다. 수많은 공장이 건설되면서 이전에 굶주렸던 사람들이 풍요를 누리게 되었다.

1960년대의 청장년은 어릴 때 한국전쟁을 겪고 혹독한 가난 속에서 살아남았다. 그들의 목표는 가족이 굶주리지 않고 잘사는 것이었다. 자신은 가난하게 살았으나 자식에게만은 가난을 대물림하지 않으려고 했다. 많은 사람이 아이들 교육에 자신의 모든 것을 걸었다.

대학생이 된 자식들은 부모 세대와 달리 인생을 즐기기 시작했다. 학생들은 경춘선을 타고 서울에서 가까운 대성리나 강촌으로 엠티를 떠났다. 학생들은 통기타를 치고 노래를 불렀다. 그것이 기성세대에 대한 반항이었다. 유행하던 노래를 목청껏 부르는가 하면 열띤 토론을 벌이고, 함께 온 이성에게 사랑을 고백하기도 했다.

대성리역에는 하루 5000명 안팎의 청춘 남녀가 몰려왔다. 경춘선은 하루에도 몇 번씩 청춘 남녀를 실어날랐다. 청량리에서 열차가 출발하면 누군가 기타를 치고 학생들은 소리 높여 노래를 불렀다. 대성리는 당시 청춘의 통과 의례 같은 곳이었다. 1950~1960년대를 산 부모들은 꿈도 꿀 수 없는 일이었다.

그를 위해 기적을 울려라

부스스한 머리로 배웅하는 아내에게 손을 흔들어주고 밖으로 나오자 바람이 제법 차가웠다. 언제나 그렇듯이 신길동 철도원 사택에서 새벽 5시에 집을 나서면, 날은 아직 밝지 않았고 서늘한 공기가 목덜미를 덮쳐오곤 했다. 박천석은 비가 오려는가 하고 하늘을 쳐다보았다. 이웃집 화사한 개나리 울타리를 휘돌아 골목으로 달려오는 바람에 물기가 섞여있었다. 비가 오면 기차 운행이 더욱 어려워진다. 비 때문에 앞이 잘 보이지 않을뿐더러 충돌 사고나 탈선 사고도 일어날 수 있다. 심한 장마에 철로가 유실되어 대형 사고로 이어질 수도 있는 것이다.

'이제 얼마 안 있으면 정년퇴직인데…….'

박천석은 자신도 이제 늙었다고 생각했다. 따지고 보면 철도 기관사로 40년 가까이 일했으니, 평생을 기차와 함께 살았다고 해도 과언이 아니다. 그래도 1974년에 이어 1975년에 경부선이 전철화되면서 기차를 운행하는 일은 한결 수월해졌다. 석탄으로 불을 때 수증기의 힘으로 달리던 증기기관차와 디젤로 달리던 디젤기관차가 사라지고 전기의 힘으로 달리는 기관차가 도입된 것이다.

"수고하십니다."

서울역에 도착한 박천석은 승무원들과 인사를 주고받으며 무궁화호에 올라탔다. 서울서 부산까지 달리는 기차다. 계기판 점검을 마치고 부기관사와 이야기를 나눈 뒤 시간이 되자 기차의 시동을 걸었다. 증기기관차 같으면 화부가 몇 시간 전부터 불을 때서 수증기를 만들어야 했으나 전기 기차는 스위치만 넣으면 시동이 걸린다. 전기란 참으로 무서운 놈이구나, 박천석은 때때로 전기의 힘에 놀라고는 했다.

계기판에 출발하라는 신호가 들어오고 레일 위 신호등에 파란 불이 켜졌다. 부산행 무궁화호의 출발을 알리는 안내 방송이 역에서 흘러나왔다. 박천석은 긴장하여 전방을 주시하고 플랫폼을 살폈다. 수십 년 동안 이 일을 해왔는데도 기차가 출발할 때면 자신도 모르게 으레 긴장한다. 플랫폼에서 역무원이 이상 없다는 신호를 했다. 시계를 보았다. 새벽 5시 45분 정각을 향해 초침이 빠르게 돌아가고 있었다.

박천석은 출발 스위치를 눌렀다. 기차가 덜컹하고 움직이기 시작했다. 플랫폼에서 역무원이 경례를 바쳤다. 안전한 운행을 당부

하는 경례다. 박천석은 답례를 하고 서서히 기차의 속도를 끌어올렸다.

부산행 무궁화호는 승객이 가득했다. 기적 소리를 길게 울리고 용산역을 지나쳐 한강 철교를 향해 달렸다. 차창으로 철로변의 남루한 풍경이 빠르게 지나가고 풀숲이 일제히 나부꼈다. 기차가 달리는 바람의 속도에 철로변 풀숲은 언제나 몸부림을 치면서 쓰러졌다가 일어난다.

덜컹덜컹.

기차는 요란한 굉음을 울리면서 한강 철교를 건너가기 시작했다. 이제 늙은 깃인가. 정년퇴식을 얼마 남기지 않은 탓인지 박천석은 기차와 함께 보낸 평생이 두서없이 머릿속을 스쳐 지나가는 했다.

박천석은 1934년 일제강점기 때 조선총독부 치하에서 기관사가 되었다. 처음에는 기관사 조수를 했고, 5년이 지난 1939년에야 정식 기관사가 되었다.

'그때는 검둥이나 다름없었지.'

박천석은 기차가 한강 철교를 지나쳐가자 피식 웃음이 났다. 그때는 그야말로 화차였다. 기관실에서 화부가 석탄을 때서 물을 끓이고 그 수증기의 힘으로 기차가 달렸다. 겨울에는 식은 수증기가 이슬비처럼 흘러내리고 자욱한 석탄 먼지가 더해져 얼굴이며 옷이 새카맣게 절고는 했다. 눈이라도 내리면 기관실은 생지옥이나 다를 바 없었다. 한겨울에는 영하 10도가 넘어 동상에 걸리는 일도 자주 있었고 여름에는 40도를 오르내리는 열기 때문에 숨이 턱턱 막혔다.

박천석은 석탄 먼지 때문에 폐렴을 앓아 죽을 뻔한 적도 있었다. 그때 처음으로 기관사가 된 것을 후회했다. 그래도 기관사 일을 계속했던 것은 가족의 생계 때문이었다. 모든 사람이 굶주리면서 원조 물자에 목숨을 의지하던 때였다. 기관사에게는 그나마 사택이 배정되고 꼬박꼬박 월급이 지급되었다.

'옛날에는 기관사가 남자다운 직업이라고 생각했는데…….'

어린 시절 그는 끝없이 넓은 들판을 질풍노도처럼 달리는 기차를 조종하는 기관사야말로 남자답다고 생각했다. 그러나 이제는 일장춘몽 같은 세월과 아스라한 추억만이 남아있을 뿐이었다.

1939년을 지나면서부터 징용이나 정신대로 끌려가는 조선인 승객이 많았다. 그들을 볼 때마다 박천석은 저들이 다시는 돌아올 수 없겠지 하는 생각에 안타까웠다.

1945년 해방이 되었을 때는 태극기를 꽂고 부산을 향해 달렸다. 그때의 감격은 두고두고 잊을 수가 없다. 부산에서 서울로 돌아올 때는 일본에서 귀국하는 사람들을 실어 날랐다. 그들의 얼굴은 하나같이 생기가 넘치고 환희에 들떴다. 그러나 해방의 감격은 잠깐이었고, 좌우의 대립으로 철도 노조원들도 홍역을 앓았다.

'6·25 때는 죽을 뻔하기도 했지.'

한국전쟁이 일어났을 때는 피난 열차를 운행했다. 영등포에서 수원과 대전을 수십 차례 오갔다. 한강 철교가 끊어진 탓에 기차는 영등포에서 며칠 동안 피난민을 실어날랐다. 그럴 때면 인민군 전투기가 하늘을 까맣게 메우고 날아와 피난민이 탄 기차에 기총소사를 해댔다. 피난민 열차를 탄 수많은 사람이 그렇게 죽었다. 기차의 지붕 위에는 총알구멍이 숭숭 뚫려있고는 했다.

덜컹덜컹.

한강 철교를 건넌 기차는 영등포역에 잠시 정차했다가 남쪽을 향해 빠르게 내달렸다. 한국전쟁이 끝나고 얼마 되지 않았던 1950년대는 무법천지였나. 그때까지도 석탄을 연료로 기차가 달리던 시절인지라 석탄을 탈취하려고 깡패들이 기관실에 올라타 협박하기도 했다.

"석탄을 가져가버리면 기차는 어떻게 달립니까?"

박천석은 우락부락한 깡패들에게 항의했다.

"기차가 달리든 말든 우리가 무슨 상관이야?"

깡패들은 박천석에게 주먹질을 하고 발길질을 하여 피투성이로 만든 뒤에 석탄을 가지고 달아났다.

'그래도 나는 기차를 운행했어.'

지금 생각하면 부상을 핑계로 운행하지 않을 수도 있었다. 그러나 그는 피를 흘리면서도 기차를 운행했다. 수백, 수천 명의 승객을 위해서 책임을 다해야 한다고 생각했다.

"이것 봐, 석탄 좀 내놔."

어처구니없는 것은 언젠가 기관실에 올라타 석탄을 내놓으라던 경찰관이었다. 박천석이 석탄을 내놓지 않겠다고 하면 구타를 했다. 그런 일은 전국에서 1년 동안 수백 건이나 생겼다. 그래도 박천석은 단 한 번도 운행을 멈추지 않았다.

기차를 운행하다 보면 사고도 종종 발생한다. 터널에서 기차끼리 충돌하는가 하면, 건널목 사고도 자주 일어났다. 살기가 어려워 철로에 뛰어들어 자살하는 사람도 있었다.

'제발 철로에서 목숨을 끊지 말았으면······.'

박천석은 간절히 바랐다. 철로에서 죽음을 맞은 시체란 처참했다. 갈기갈기 찢긴 시체를 두 번 다시 보고 싶지 않았다.

어느 가을이었다. 하루는 새벽 기차를 운행하던 박천석이 전방을 주시하고 있었다.

'저게 뭐지?'

박천석의 눈이 크게 떠졌다. 엷은 새벽안개 속에 소복같이 하얀 옷을 입은 여자가 철로변에 서있었다. 박천석은 귀신을 본 것처럼 등골이 오싹했다. 하얀 옷을 입은 여자에게 주의를 주기 위해 기적을 길게 울렸다.

빠아앙!

요란한 소리가 새벽 공기를 찢으면서 울려퍼졌다. 그때 그 여자가 갑자기 철로로 뛰어들었다. 박천석은 깜짝 놀라 브레이크를 잡아당겼다. 그러나 기차는 달리는 속도를 어쩌지 못한 채 여자를 그대로 들이받고 내달렸다. 기차의 전면 유리창으로 하얀 옷자락이 펄럭이고 피가 튀었다. 기차는 한참을 더 달린 뒤에야 멈춰섰다. 열차에서 내린 박천석의 눈에 선혈로 붉게 물든 여자의 하얀 옥양목 치마저고리가 보였다. 시신은 알아볼 수 없을 정도로 참혹했다.

박천석은 그 일로 한동안 악몽을 꾸어야 했다. 여자는 뜻밖에 스물두셋 된 새 신부로 부모에 의해 강제로 결혼한 후 신혼 첫날밤을 보내고 속옷 차림으로 철로로 달려와 세상을 버렸던 것이다.

'무슨 사연이 있기에 이토록 끔찍한 자살을 선택했을까?'

박천석은 그 사건이 오랫동안 잊히지 않았다.

덜컹덜컹.

열차가 수원역을 지나고 얼마 되지 않았을 때 붉은 해가 떠올랐다. 박천석은 붉은 해가 장엄하게 떠오르는 동쪽 하늘을 바라보면서 가슴에 벅찬 감동이 솟구침을 느꼈다. 정년퇴직을 하게 되면 이처럼 아름다운 풍경을 다시는 보지 못하게 될 터다.

'일출은 영동선이 최고지……'

박천석은 한때 영주에서 강릉을 오가는 영동선의 기관사로 일한 적이 있었다. 그때는 아침마다 동해 바다에 웅장하게 떠오르는 일출을 보고는 했었다.

'입영하러 가는 것인가?'

열차가 오산역에 이르렀을 때 앳된 청년과 아가씨가 포옹하는 것이 보였다. 머리를 짧게 깎은 청년을 보아하니 입영 길임을 알 수 있었다. 오산역에서 대전역까지 간 뒤에 호남선으로 갈아타고 논산역에 하차할 것이다. 논산에는 육군 훈련소가 있다. 수많은 청년이 논산에서 훈련을 받은 뒤 전방으로 배치되었다. 대한민국의 청년이라면 누구나 가는 곳. 용산역에서 입대 장병을 실어나를 때면 가족과 애인, 친구들이 눈물로 전송을 하고는 했다.

박천석도 입영 열차를 운행했었다. 용산역에서는 매일 수백 명의 청년이 입영 열차를 탔다. 그들은 창가에 앉아서 밖을 내다보며 가족에게 손을 흔들고 모자를 흔들었다.

기적을 길게 울렸다. 오산역 플랫폼에서 포옹을 하고 있던 청년이 후다닥 기차에 올라탔다. 박천석은 기차를 서서히 움직였다. 아가씨가 기차를 따라오면서 청년에게 손을 흔들었다. 아가씨는 울고 있으리라. 박천석은 기차가 오산역 구내를 벗어나자 자신이 아가씨와 작별한 것처럼 마음이 아팠다.

기차가 수원을 지나 평택을 거쳐 충청도로 들어설 때까지는 밋밋한 야산과 들판이 차창을 스치고 지나갔다. 늘 대해오는 풍경이지만 퇴직하고 나면 다시는 보기 어려운 풍경이 되리라 생각하자 가슴이 저려왔다. 기차가 충청도 경계를 넘으면서부터는 하늘에 먹구름이 밀려오고 사방이 어두컴컴해졌다.

"비가 오려는가 봅니다."

부기관사 정인철이 전방을 살피면서 말했다. 정인철은 철도대학 출신으로 철도원 양성소에서 교육 받은 박천석과는 전혀 달랐다. 그는 장래가 촉망되는 깔끔한 청년이었다.

"비가 오고 나면 꽃이 지겠지."

박천석은 철로 연변에 핀 노란 개나리꽃을 보면서 대답했다. 기차의 차창을 스치는 풍경은 철마다 다르다. 봄에는 꽃이 흐드러지게 피고 여름에는 초목이 무성하다. 가을에는 들과 산이 온통 황금빛으로 물들어 눈이 부실 지경이다. 눈 내리는 겨울에는 온 세상이 흰 빛으로 가득하다.

"비가 꽤나 많이 올 모양입니다."

"비를 싫어하는가?"

"좋을 리 없지 않습니까?"

"나는 비를 좋아하네. 특히 기관실에서 보는 비를 좋아하지."

박천석은 언제부터인가 비 내리는 것을 좋아했다. 기차가 빗줄기 속을 뚫고 달리는 것은 마치 폭풍우 속을 말 타고 달리는 것 같은 느낌이다. 그런 풍경은 세상 어떤 것과도 바꿀 수 없을 정도로 감동적이다.

"저는 눈이 오는 것을 좋아합니다. 눈발이 자욱하게 날리는 벌판을 달릴 때 세상이 온통 은세계로 변하지요. 그런 은세계를 달리는 건 너무나 아름답습니다."

정인철이 씨익 웃으면서 말했다. 처음에는 비나 눈이 많이 올라치면 전전긍긍했다. 거센 비바람이나 눈보라로 사고가 발생할까 봐 두려웠던 것이다.

"기어이 비가 오는군요."

기차가 추풍령 가까이 이르자 차창으로 빗방울이 묻어나기 시작했다. 추풍령은 경부선의 중간 지점에 있다. 소백산맥과 노령산맥이 나뉘는 고개로 동쪽으로는 해발 773미터의 묘함산, 서쪽으로는 743미터의 눌의산이 높게 솟아있었다. 평지와 달리 양대 산맥의 끝자락이라 맑은 날에도 구름이 지나가면서 비를 뿌리고는 했다. 기차는 길게 기적 소리를 울리면서 올라갔다. 차창으로 깎아지른 듯한 묘함산과 눌의산이 보였다. 이 기차에서 묘함산과 눌의산을 한꺼번에 볼 수 있는 자리는 기관실밖에 없다. 박천석은 거의 매일 보는 풍경이지만 여전히 감동스러웠다.

"정말 이 비가 오고 나면 꽃이 질까요?"

"그러겠지."

박천석은 바람에 분분이 날리는 꽃잎을 떠올리면서 대답했다. 기차는 추풍령역에서 잠시 정차했다. 지방마다 특색 있고 아름다운 풍경을 갖고 있지만 꽃이 피거나 질 때는 경춘선과 영동선, 태백선, 중앙선의 철로변이 가장 아름답다. 깎아지른 듯한 산협을 수없이 지나고 터널을 빠져나오면 하얗게 핀 벚꽃이 봄바람 꽃바람에 자욱이 날리고는 한다.

기차가 김천을 지날 무렵 비가 그치고 날이 맑아졌다. 구미에 도착한 기차는 5분이나 정차했다. 구미는 공단이 생기면서 인구가 늘어나고 도시가 발달하여 많은 승객이 오르내렸다.

"저는 구포를 지날 때면 기차가 마치 바다를 향해 달리는 것 같습니다."

정인철이 두 팔을 어깨 위로 들어올리면서 말했다. 서울을 출발한 지 5시간 10분 만에 무궁화호는 구포역에 도착했다. 이제 15분만 지나면 기차는 부산역에 도착한다. 기차가 부산을 향해 느리게 달려나갔다. 철로 오른편으로 넓게 펼쳐진 들판이 보였다. 꽃향기를 실어오는 남풍에 풀들이 돋아나기 시작하여 푸른빛이 가득했나. 서울과 달리 부산에는 봄이 일찍 온다.

박천석은 부산 도착을 알리는 기적을 길게 울렸다.

에필로그

철도 백 년의 사랑과 눈물, 웃음과 한숨

20여 년 전 나는 신혼여행으로 기차를 타고 우리나라 서남부 지역을 돌기로 했다. 외국으로 신혼여행 갈 형편은 못 되고 남들이 제주도나 동해로 가니, 우리는 반대로 가자고 하여 정했다. 백제의 고도 부여에 도착해 부소산성과 낙화암을 돌아보고 논산, 전주, 이리, 광주를 거쳐 목포까지 갔다. 이른바 호남선을 타고 서남부 지역 여러 곳을 즐겁게 돌아보았다. 진달래 만발한 유달산도 오르고, 목포항도 돌아본 뒤 다시 열차를 타고 서울로 돌아왔다. 차창을 스치는 샛노란 유채꽃, 가도 가도 끝없던 드넓은 호남평야가 지금도 눈에 선하다.

나는 열차 여행을 좋아한다. 비가 내리거나 눈이 올 때, 무엇에라도 홀린 것처럼 훌쩍 열차를 탄다. 창밖에 펼쳐지는 낯선 풍경,

시골 사람의 투박한 사투리, 낯선 이방인을 맞이하는 시골 간이역의 정경은 쓸쓸하다 못해 서럽기까지 하다.

비가 오고 바람이 세차게 불던 언젠가는 문득 여행이 간절하여 무작정 경인선에 몸을 실었다. 거칠게 포효하는 인천 앞바다를 내다보며 부두에서 술 한잔 마시고 돌아왔다. 그때의 추억이 아직도 지워지지 않는다.

몇 년 전 소설 《두물다리》 집필을 위해 강원도 정선의 사북을 다녀온 일이 있다. 사북은 탄광으로 유명했던 곳, 사북역에서는 매일같이 열차가 석탄을 실어날랐다. 탄광은 폐쇄되고 그 옛날 광부들이 살던 남루한 숙소는 무너져 잡초가 무성했다. 폐허가 되어있었다. 이곳에 살던 광부들은 다 어디로 갔을까. 그들의 아내와 아이들은 이제 어디에서 살까. 사북 탄광에도 황금기는 있었다. 광부들이 캔 석탄이 연탄으로 바뀌어 우리네 집집마다 배달되었던 시절. 사북은 술집과 다방이 즐비하고 도시에서 몰려온 사람들로 와자지껄했다. 사람 냄새 물씬 풍겼던 이곳이 언제 이렇게 변한 것일까. 열차는 쉬지 않고 그들을 실어오고 실어갔을 터.

    정선 읍네 물레방아는 사시장철 물을 안고 뱅글뱅글 도는데
    우리 집에 서방님은 날 안고 돌 줄을 왜 모르나

〈정선아리랑〉 한 자락이 어디선가 들려올 듯한 사북역. 첩첩 산으로 둘러싸인 사북에서 나는 세월의 무상함을 느꼈다.

얼마 전 안중근 유적지를 답사하러 러시아와 중국을 여행했다. 중국 안토安圖에서 하얼빈까지, 다시 하얼빈에서 단둥丹東까지 열차를 탔다. 만주는 광활한 지역이다. 온종일 달려 겨우 목적지에 도착했다. 차창을 스쳐가는 만주 벌판을 바라보면서 그 옛날 선구자들이 말 달리던 모습을 떠올리고는 감회에 젖었다. 단둥역은 압록강 철교를 건너 북한의 신의주와 연결되고 다시 경의선으로 이어진다. 끊어진 압록강 철교에 올라가서 신의주 쪽을 바라보자 한국 철도 100년의 역사가 주마등처럼 펼쳐졌다.

중국에서 돌아와 경기도 파주시 문산에 있는 임진각을 찾아갔다. 일명 '돌아오지 않는 다리'에서 건너편 북한 땅을 바라보면서 끊어진 압록강 철교를 떠올렸다. 남북이 갈라서지 않았다면 신탄리역에 멈춘 '철마'가 신의주까지 내쳐달렸을 것이다. 그뿐인가, 강원도 험준한 산악을 달려 금강산을 지나고 원산까지. 그리고 연해주를 지나 블라디보스토크에서 광활한 시베리아를 누볐을 텐데.

한국 철도 100년은 이제 역사가 되었다. 우리나라의 근대화는 철도로 시작되었다고 해도 과언이 아니다. 격동의 한국 근·현대사 속에서도 철도는 언제나 그 자리에 있었다. 열차는 조선을 약탈하려는 일본인을 실어오고 조선의 물자를 일본으로 날랐다. 수많은 유학생, 징용 끌려가는 장정, 여공 들이 열차를 타고 떠난 뒤에 돌아오지 못했다. 해방이 되었을 때는 귀국 열차가 되고, 한국전쟁이 일어났을 때는 피난민을 실어나르는 피난 열차가 되었다. 1960년 이후에는 산업 열차가 되어 경제개발의 동력이 되었다.

이제 거미줄처럼 연결된 한국 철도. 경부선, 호남선, 경인선, 중앙선, 영동선, 충북선……. 본선과 지선이 헤아릴 수 없이 많다. 그 철도마다 애환과 사연이 있다. 사랑이 있고 눈물이 있다. 웃음이 있고 한숨이 있다.

한국 철도 개통 100년이 지난 지금 철도는 21세기를 향해 달리고 있다. 2004년 고속철도 케이티엑스KTX가 개통되었고 앞으로 전국을 1시간 30분대 통근권으로 묶는다는 '미래 KTX 고속철도망 구축 전략'도 발표됐다. 우리나라 어디에서나 1시간 반이면 원하는 곳에 닿는 날이 올 것이다. 100년 전 철도를 건설한 이래 비약적 발전이라 하지 않을 수 없다.

다만 이 열차를 탈 때마다 우리는 기억해도 좋으리라. 100년 전 철도를 건설하기 위해 조선인이 흘린 무수한 피와 땀, 눈물과 한숨을, 단 한 번만이라도.

경부선
눈물과 한의 철도 이야기

1판 1쇄 찍음 2010년 9월 20일
1판 1쇄 펴냄 2010년 9월 30일

지은이 이수광

펴낸이 송영만
펴낸곳 효형출판
주소 우413-756 경기도 파주시 교하읍 문발리 파주출판도시 532-2
전화 031 955 7600
팩스 031 955 7610
웹사이트 www.hyohyung.co.kr
이메일 info@hyohyung.co.kr
등록 1994년 9월 16일 제406-2003-031호

ISBN 978-89-5872-094-2 03910

이 책에 실린 글과 그림은 효형출판의 허락 없이 옮겨 쓸 수 없습니다.

값 12,000원